CYCLING

NACH PROF. DR. BENGSTON

- Arbeitshandbuch -

Danksagung an

Prof. Dr. William Bengston, der über 35 Jahre lang seinem Ziel, metaphysische Phänomene mittels wissenschaftlicher Empirik zu erforschen und zu belegen, trotz aller Widerstände treu blieb. Durch seine unermüdliche Arbeit gelang es ihm erstmals, die mentalen Vorgänge der Heilung durch ein lineares Lernkonzept für alle Menschen zugänglich zu machen.

1. Auflage

Deutsche Erstauflage, Oktober 2012

Herausgeber: Cosmo Energetic School, Germany.

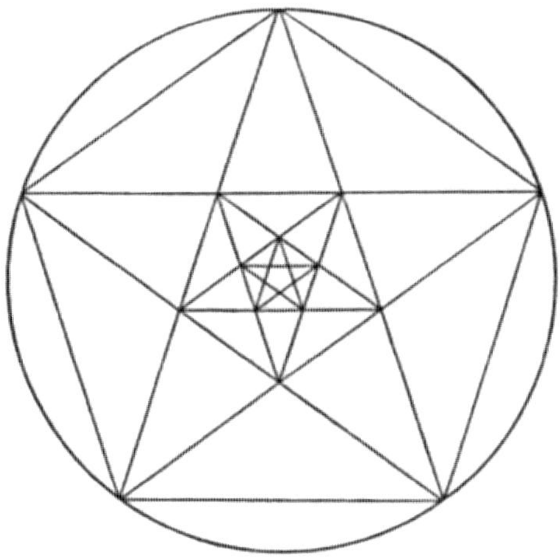

Weitere Informationen zu den Inhalten:
Cosmo Energetic School, Germany
info@holisticart.eu - **www.holisticart.eu**

Verlag: BOD Norderstedt
ISBN_13: 978-3-8482-2452-4

Herausgeber
Cosmo Energetic School – 76707 Hambrücken.

KENAZ

RUNE DES FEUERS

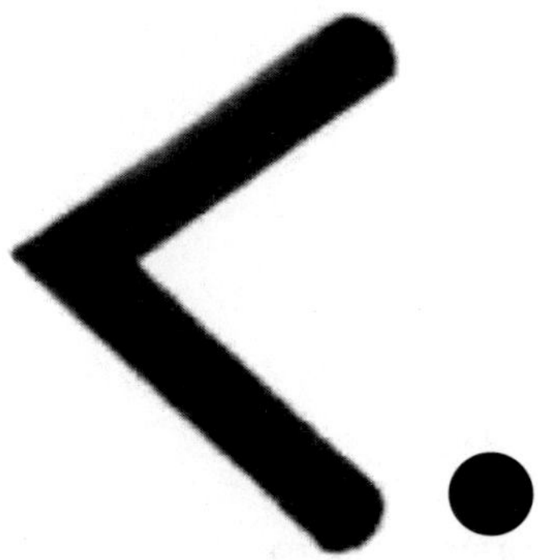

KENAZ ist die Feuer-Rune. Ihre Energie fokussiert den Geist und die mentale Aufmerksamkeit, weswegen sie die klassische Rune für die Arbeit mit *CYCLING* ist. Genährt wird das Element Feuer mit Sauerstoff, der dem Element Luft, also den Gedanken, zuzuordnen ist. Dieses Runen-Symbol wurde von Cosmo Energetic Großmeister KERNUNNOS energetisch aufgeladen, damit man sich während des Übens immer wieder mental zentrieren kann.
Hierzu reicht es vollkommen aus, wenn man die Rune konzentriert betrachtet. Aktiviert wird sie, in dem man den Befehl: „***KENAZ AKTIVIERE DICH***“, mental formuliert. Lasse den Blick konzentriert für mindestens 5 Minuten auf die Rune gerichtet und spüre, wie der Kopf zu pochen beginnt, warm wird, das Dritte Auge sich zu drehen beginnt. Denke an nichts und verweile in diesem Zustand solange, als es für Dich stimmig ist und gehe dann zu Deinen mentalen Aktivitäten über.
KENAZ aktiviert die Kognition des linken und rechten Gehirns und hilft Dir, durch das geistige Feuer, dein zweites Gesicht zu aktivieren, es wahrzunehmen und zu steuern.

Inhaltsverzeichnis

Alle Elementarteilchen sind aus derselben Substanz, aus demselben Stoff gemacht, den wir nun Energie oder universelle Materie nennen können; sie sind nur verschiedene Formen, in denen Materie erscheint.

Werner Heisenberg (Quantenphysiker)

IN EIGENER SACHE

Das Ihnen vorliegende Werk ist authentisch mit mir als Autoren und Menschen. Es stellt nicht den Anspruch perfekt zu sein und es versucht auch nicht, diesem sinnlosen Unterfangen zu frönen. Fehler machen uns menschlich und verständlich. Als ein nicht-lineares Wesen ist es meine Hauptintention, Sie so persönlich anzusprechen, wie es mir eben nur möglich ist. So wurde dieses Buch von keinem Lektor in eine Form des einheitlichen und *„richtigen"* Ausdrucks gebracht, sondern in seinem individuellen Sein belassen. Ich habe es mir vorbehalten so zu sein, wie ich bin, - auch wenn das der Linearität des Ausdrucks entgegensteht.

Ärgern Sie sich also nicht, wenn Sie einen *„Fehler"* finden. Wichtig ist, dass Sie das, was ich Ihnen mitzuteilen habe verstehen und in Ihre Wahrheit integrieren können. Das sollte aus Ihrem Gefühl für Stimmigkeit heraus erfolgen und nicht deswegen, weil alle Gesetze der Grammatik und Zeichensetzung befolgt wurden. Bedenken Sie dabei immer, dass alles was den Anspruch von Vollendung und völliger Richtigkeit hat, aufhört zu werden. Nehmen Sie deshalb die Energie meiner Fehler, um zu Ihren eigenen Fehlern zu stehen, ohne sich dabei an ihnen zu bewerten.

Wenn Sie sich unbedingt über Fehler ärgern wollen, dann sollten Sie sich über die Fehler ärgern, die Sie aus den Mechanismen der Selbstboykottage an Ihrer guten Gesundheit machen. Nehmen Sie die Energie des Ärgers und transformieren Sie diese in eine Kraft der konstruktiven Veränderung. Trotz meiner germanistischen Regelbrüche wünsche ich Ihnen viel Spaß und Interesse an meinem Buch, bei dem ein Gesetz jederzeit Gültigkeit hat:

WER EINEN FEHLER FINDET, DER DARF IHN BEHALTEN……

VORWORT

Dieses Buch stellt nicht den Anspruch daran, einen perfekten Heiler hervorzubringen. Das Potenzial des Heilens ist in jedem Menschen angelegt und man kann niemanden etwas beibringen, was nicht schon in ihm vorhanden wäre. Es soll auch nicht der Versuch unternommen werden, die Arbeit von Prof. Dr. William Bengston zu kopieren, um etwas zu publizieren, das dem EGO des Publizisten frönt.
Die wahre Intention dieses Buches ist darauf ausgerichtet, die Basis-Arbeit von William Bengston zu ehren und zu publizieren, wobei der Autor aus dem Fundus seiner langjährigen Erfahrungen schöpft und viele Methoden der Mentalsteuerung vorstellt, die alle jedoch nur einem Ziel dienen: Die *Bengston-Methode* möglichst effizient und schnell zu erlernen, damit man sie in das Alltagsleben integrieren kann.

Die Methode die Bengston entwickelt hat ist perfekt und führt *IMMER* zum Ziel, so wie **1 + 1** immer **2** als Ergebnis hervorbringt. Die Übungen, die ich hier vorstelle dienen lediglich dazu, das Übungsumfeld zu erweitern und ich greife dabei auf meine Erfahrungen zurück, die ich beim Erlernen dieser Methode gemacht habe, oder in meinen eigenen Schulungen einsetze.
Ich gehe dabei auch auf so grundlegende Dinge ein, wie inneres Sehen oder das selbstbestimmte erzeugen von Bildern und Emotionen. Dies wird bei der Bengston-Methode vorausgesetzt und aus der Erfahrung weiß ich nur allzu gut, dass viele Menschen damit noch Probleme haben.

Die geistigen Gesetze lehren: *Lerne – Lebe und Lehre.*
Nur das was man gelernt und als lebendige Erfahrung in sich integriert hat, kann man authentisch an andere weitergeben.
Man gibt keine Wahrheit für ALLE weiter, sondern lediglich die eigene Wahrheit, aus der sich jeder das herausnehmen kann, was für seine individuelle Wahrheit stimmig ist.

Durch das erlebte Wissen einiger Weniger entsteht eine lebendige Resonanzschwingung im morphogenetischen Feld, die als belebte Realität die individuellen Potenziale in Schwingung versetzt, wodurch auf einer gemeinsamen, kausalen Ebene, die Vielfältigkeit des Lebens aus einem Ursprung entstehen kann.
Die *Bengston-Methode* ist das bisher einzige Mental-System, das eine signifikante und wissenschaftlich messbare Wirkung auf die kollektive Bewegung aller Individuen hat, wodurch neue Zustände höchster geistiger Ordnung entstehen können, die automatisch zu einer positiven Veränderung des gesamten globalen Systems führen, - in Frieden und Harmonie.

Die Veränderung und Heilung entsteht nicht durch äußere Widerstände, sondern durch die Veränderung, die der Einzelne aus sich zulässt. Verändere zuerst Dich selbst, dann verändert sich auch die ganze Welt!

2012 ist das Jahr der Veränderungen, des Quantensprungs des globalen Bewusstseins und die *Bengston-Methode* ist ein Schlüssel dazu. Jeder einzelne, der diese Methode erlernt, hilft zuerst sich selbst, Ganz und Heil zu werden. Doch damit hilft er auch seinen Mitmenschen, diese Methode immer schneller zu erlernen, weil die Zustände, die er in sich selbst erzeugt, von so hoher Ordnung sind, dass sie sich kumulativ und global auswirken. Ein Gedanke der Liebe ist 1000 Mal stärker als ein Gedanke der Angst und nur 10 *Liebesdenker* neutralisieren 10.000 *Angstdenker*.

Daher entstand meine Intention, meine Kraft und meine Liebe in diese Methode zu binden und mein Aufruf an alle Menschen, die sich auch nach einem wesensgerechten und selbstbestimmten Leben in Liebe, Harmonie und Frieden sehnen:
Investieren Sie Ihre Aufmerksamkeit, Zeit und Willenskraft in dieses einzigartige Mental-System, das Dank der Liebe und Kraft eines Pioniers, von ***JEDEM*** erlernt werden kann!

Beschenken Sie sich selbst und folgen Sie den Spuren Ihres Erfolges und Ihrer Erfüllung. Öffnen Sie Ihr Herz und seien Sie offen für die Wunder des Lebens. Mit der *Bengston-Methode* erschaffen Sie ein Spielfeld Ihrer unbegrenzten Erfahrungs- und Entfaltungsmöglichkeiten, wenn Sie konsequent der Stimme Ihres Herzens folgen und bereit sind, eine neue Art des Denkens zu erlernen. Hierzu benötigen Sie keine anderen Voraussetzungen als sich selbst und Ihren Willen, sich in Ihrem Denken zu verändern.

Das was der Film *The Secret* den Menschen verspricht, können Sie nun leicht in die Tat umsetzen, da die *Bengston-Methode* Ihnen den Weg dazu aufzeigt, den Sie nur noch gehen müssen.
Mit den Übungen die ich für Sie vorbereitet habe, werden Sie schnell zu Erfolgen kommen, auch wenn Ihre Bemühungen bisher noch fruchtlos verlaufen sind. Diese Übungen sind praxisbewährt und äußerst einfach, so dass sie jeder machen kann, um erfolgreich mit dem kognitiven Potenzial seines Gehirns zu arbeiten. Sie müssen nur Wollen und nicht gleich aufgeben, wenn einmal etwas nicht sofort den Vorstellungen entspricht. Prof. William Bengston hat 30 Jahre benötigt, um Ihnen heute ein einfaches System anzudienen und er hat trotz massiver Widerstände und Fehlschläge niemals aufgegeben.
Jetzt liegt es alleine bei Ihnen, seinem vorbereiteten Pfad zu folgen! Das Ergebnis, nämlich ein Leben in Fülle, Harmonie und Frieden, sollte Sie für die Mühen ausreichend entschädigen.

Der Mensch opfert seine Gesundheit, um Geld zu verdienen. Dann opfert er Geld, um seine Gesundheit wieder zu erlangen. Mit seinen Gedanken verweilt er in einer sorgenvollen Zukunft und kann dabei die Freuden des Augenblicks nicht genießen. Er lebt, als würde er ewig leben und wenn er stirbt, hat er nie richtig gelebt.
Dalei Lama

EINLEITUNG

Ende Juli 2012 habe ich Prof. William Bengston kennen lernen dürfen. Er stellte seine *Bengston Energy Healing Methode* auf einem zweitägigen Seminar an der *Internationalen Akademie für Kinesiologie* (IAK) in Krichzarten (Freiburg) vor. Bislang konnte mich das „Mental-Angebot" aber nicht übermäßig begeistern, da ich als *Cosmo Energetiker* eine sehr intensive Weihe der Theosophie erhalten habe und immer wieder auf Widersprüche in den Systemen gestoßen bin. Somit habe ich mich nur für Mentalsysteme interessieren können, die sich wissenschaftlich erklären ließen, wobei es bei allen Systemen einen *„Nullpunkt"* gibt, in den sie führen wollen, weil nur dort die Kraft der Veränderung liegt. Dieser Punkt ist dann erreicht, wenn es keine rationalen Modelle mehr gibt, die man mit dem Gehirn verstehen kann. Das Verständnis über diesen Punkt hinaus lässt sich dann nur noch über das *„Herzdenken"* weiterführen.

Das denkende Herz ist die Intensivierung des Parasympathikus mit der kognitiven rechten Seite des *emotionalen* Gehirns, wobei es auch in der rationalen Seite des Linkshirns ein kognitives Potenzial gibt; - das Yin im großen Yang.

Das Gehirn ermöglicht es dem Menschen, durch Denken Bewusstheit zu erlangen. Bewusstheit entsteht aber nur dann, wenn das linke und das rechte Gehirn harmonisch miteinander interagieren, was bei einer rational konditionierten Denkweise, wie sie in den Gesellschaftssystemen vorliegt, nur schwer ohne eine eigene Willensanstrengung möglich ist.

Das rationale Gehirn versucht dabei, die Ergebnisse in der Materie zu verstehen, wohingegen das rechte Gehirn ein Gefühl zum rationalen Verstehen aufbaut, was dazu dient

festzustellen, ob das Ergebnis als stimmig oder als unstimmig für das Individuum empfunden wird.
Dabei geht es nur um die individuelle Beurteilung und Stimmigkeit, - abgekoppelt von Erwartungen, sowie Denk- und Verhaltensstrukturen aus äußeren Einflüssen.
Je mehr man daher mit sich selbst im Einklang lebt, desto weniger Widerstände gibt es im äußeren Erleben, die ja nur deswegen entstehen, weil das Innere und das Äußere eben nicht im Einklang sind.

Einfache Weisheiten, die zu einfach erscheinen, als dass man sie akzeptieren könnte. Man hat doch gelernt, dass es nichts umsonst gäbe und dass man für Erfolg hart arbeiten müsse. Alles was einfach ist wird daher sehr kritisch beäugelt, ohne jedoch zu erkennen, dass das was einfach aussieht, in den Tiefen seiner Einfachheit immer komplexer wird. Aus der Linearität entsteht Nicht-Linearität, die sich auf alle Bereiche auswirkt. Ich möchte dabei nur an Wasser, bzw. Wasserstoff erinnern, der als das einfachste Element die meisten Paradoxen unter den Elementen des Periodensystems aufweist und als bislang unverstandene Grundlage des Lebens gilt.

Nur etwas kausal Einfaches kann eine stabile Komplexität hervorbringen. So ist es auch bei der *Bengston-Methode.*
Wenn man sein Buch liest, wundert man sich, wie einfach es ist, sich und andere zu heilen. Wenn man aber dazu übergeht, die lineare Einfachheit seiner Methode umzusetzen, dann kommt man in die Komplexität und wird mit den vielen Faktoren konfrontiert, die der Einfachheit entgegenstehen.
Dies sind Konditionierungsmuster, die unbewusst das Leben des Individuums steuern und unnötig verkomplizieren. Der Mensch hat gelernt am Erwirkten festzuhalten und sein größtes Problem liegt deshalb nun darin vertrauensvoll loszulassen, um sich der dauerhaften Veränderung

des Universums zu unterwerfen. Die einzige Konstante im Universum ist die dauerhafte Veränderung, so, wie es die *Hermetische Tradition* lehrt: *Solve et coagula*; - löse und verbinde, - jeden Moment neu. Alles ist dauerhaft im Werden, - und alles was ist, hört auf zu werden!
Dies setzt ein Urvertrauen in die Schöpfung voraus, was im Grunde wieder einmal sehr einfach wäre, würde das rationale, konditionierte Gehirn uns nicht permanent das Gegenteil glaubhaft machen, was es so eigenherrlich macht, dass dadurch Zwänge entstehen, die auf Kosten des Urvertrauens eine negative Lebenserwartung *(Angst),* sowie die Abgrenzung zur Gesamtheit der Schöpfung hervorbringen. Man sieht sich dadurch nicht mehr als ein individueller Teil eines Ganzen, wodurch man die Verbindung zum Kollektiv verliert, was in die Einsamkeit und Isolation führt.
Der Stoff aus dem die Angst erschaffen wird.

Die *Bengston-Methode* nun führt durch ein gezieltes Geist- und Mentaltraining direkt zur *„QUELLE“*, was gleichsam der Ort ist *(Nullpunkt),* wo uns die liebevolle Führung der Schöpfung begegnet und uns an die Hand nimmt und dorthin führt, wo wir Ganz und Heil sind.

Aus meiner Erfahrung gibt es Menschen, die ohne weiteres den Weg zur *QUELLE* beschreiten können. Doch es gibt auch Menschen, die auf diesen Weg noch viele Hindernisse zu überwinden haben, die ihnen eine leidvolle Vergangenheit auferlegt hat. Zur Quelle kann nur der gelangen, der es vermag, sein Herz für die Liebe zu öffnen. Dies ist eine Erfahrung, die ich persönlich gemacht habe und die nicht zwingend mit der Grundintention des Schöpfers dieser Methode konform gehen muss, wenngleich Prof. William Bengston eine Paradebeispiel für einen Menschen ist, der an den vielen Problemen und Härten, die das Leben ihm auferlegt hat, gewachsen ist und es geschafft hat, aus der Liebe seines Herzens zu leben. Seine Liebe ist so stark, dass

man dieses Feld in seiner Nähe unweigerlich spüren kann. Man fühlt sich in seiner Gegenwart geborgen, verstanden, akzeptiert und einfach nur wohl. Dies ist ein Ergebnis aus vielen Jahren intensiver Geist- und Mentalarbeit, sowie eines starken Willens. Nicht der Mensch heilt, weswegen er sich nicht so wichtig nehmen soll. Die Heilung kommt aus einem Mysterium, das man nicht rational verstehen kann und daher akzeptieren muss. Der Ausstieg aus rationalem Erklärungszwang oder einfach nur, - *Loslassen*!
Heilung erfolgt durch völlige Selbstlosigkeit und das einzige was man dabei macht ist, sich und nur sich selbst in einen höheren Zustand zu bringen. Das was der Heilung bedarf ist ein passiver Begleiter, der ganz von selbst der höchsten zur Verfügung stehenden Ordnung folgt.

In meinem Buch geht es daher vordergründig um zwei Dinge. Erstens möchte ich die *2-Phasen-Methode* etwas mehr intensivieren um anhand eigener Erfahrungen den Lernerfolg und somit auch die Verbreitung dieser Methode unterstützen. Zum Zweiten möchte ich dem Übenden auch in den Bereichen Hilfe anbieten, die sich aus meiner Erfahrung als kausale Blockaden bei der Ausübung dieser Methode herauskristallisiert haben.

Viele Menschen können z.B. nicht *Nicht-Denken* oder *innere Bilder* erzeugen und auch was die Gefühle betrifft, haben viele Menschen ein Problem, loszulassen, um sich neu zu öffnen. Die meisten Menschen haben geistige Blockaden und so ist es aus meiner Sicht sinnvoll, diese im Kontext mit der Erlernung der *Bengston-Methode* zu beheben.
Hierzu gibt es eine Vielzahl an Methoden, von denen ich die aus meiner Erfahrung effizientesten vorstellen möchte, die dem Übenden einen schnellen Erfolg und spürbare Ergebnisse auf dem Weg dahin vermitteln.

Ein anderer Aspekt der geistigen Klärung ist natürlich auch die körperliche Gesundheit. Es heißt nicht umsonst, dass im gesunden Körper ein gesunder Geist wohnt und Buddha sagte schon: *„Bevor Du Dich auf den Weg ins Nirwana begibst, musst Du vorher Deinen Tempel reinigen!"* – Die körperliche Gesundheit ist gerade für den Anfänger umso wichtiger, da auf den Weg zur Gesundung auch der Weg zu sich selbst beschritten wird.
Gesundheit ist die Quintessenz aller bewussten geistig-mentalen Entscheidungen. Der Weg zur Gesundung indes ist das Eintauchen in die unbewussten Mechanismen, die man im bewussten Streben nicht erkennen kann. Damit ist Gesundung ein Prozess der Bewusstwerdung, was man als die Ursache wahrer Heilung erkennen kann.
Es gibt jedoch viele Mechanismen in unserem Leben, die in vielerlei Hinsicht dem ganz normalen Wahnsinn entsprechen und die man erkennen muss, damit man gemäß dieser Erkenntnisse zum selbstbestimmten Handeln übergehen kann.

Im weiteren Verlauf stelle ich nun physiologische und geistige Aspekte vor, die einer schnellen Erlernung von *CYCLING,* wie die *Bengston-Methode* durch den Begründer benannt wurde, dienen sollen und natürlich komme ich auch auf den Punkt des Geschehens, das *2-Phasen-Programm.* Ich wünsche uns allen viel Erfolg und weite Verbreitung dieser Methode, deren Potenzial erst dann zur bewussten Wahrnehmung kommt, wenn man angefangen hat, sie zu praktizieren.

Damit man einen möglichst effizienten Lerneffekt hat, - dies ist ein Übungsbuch, - schreibe ich weniger über das theoretische Hintergrundwissen zur *Bengston-Methode,* zumal es hierzu schon ein Buch[1] vom Begründer der Methode gibt und beziehe mich mehr auf die Übungen.

Es sei angemerkt, dass die Methode natürlich auch allein erlernt werden kann, jedoch hat das Erlernen in einer Gruppe eine wesentlich höhere Effizient und führt meist schneller zum Erfolg. Doch egal, ob man alleine oder mit anderen lernt, - man tut es immer zuerst zu seinem eigenen Wohle und gleichzeitig zum Wohle anderer.

Das Denken ist immer alt, denn das Denken ist die Reaktion der Erinnerung als Wissen und Erfahrung. Das Denken ist Materie.
Krishnamurti

---

[1] W. Bengston, *Bengston Energy Healing – Heilen aus dem Nichts*, VAK Verlag, 2010.

Der Atlas-Wirbel –
Zentrum der geistigen Bewegung

Ich möchte in der Physiologie beginnen, denn hier sind wir in einem Raum der bewussten Wahrnehmung. Fast alle Menschen haben hier zwei grundlegende Probleme.
Beginnen möchte ich beim *Atlas-Wirbel.* Der Atlas ist der erste Wirbel und nicht nur der Gleichgewichtspunkt der gesamten physiologischen Anatomie. In dieser Eigenschaft wirkt der Atlas Wirbel als Gleichgewichthalter, was zu einer entspannten Muskulatur führt und einer natürlich gesunden Haltung.
Eine entspannte Muskulatur ist besonders wichtig für das Fliessen von Energien, wobei Energie nichts anderes ist, als gepulste Informationen einer bestimmten Qualität, die insbesondere bei elektrochemischen Rektionen im Organismus wichtige Funktionen auf einer feinstofflicheren Ebene haben. Eine verkrampfte Muskulatur führt zu Blockaden, - der Fluss der Information wird unterbrochen.

Primär wirkt der Atlas auf die Wirbelsäule, die gleichsam die Hauptinformations-Verbindung aller eingehenden und ausgehenden Impulse ist. Findet z.B. eine Berührung statt, dann spürt man diese nicht sofort! – Der Impuls der Berührung wird zunächst über das Zentralnervensystem *(ZNS)* an das Gehirn geschickt. Dieses interpretiert den Impuls und stellt dann fest, dass es eine Berührung ist.
Nach dieser Feststellung erst, geht ein Impuls vom Gehirn über das ZNS ab an das Erfolgsorgan und erst jetzt merkt der Mensch die Berührung.
Dies alles passiert mit annähernder Lichtgeschwindigkeit, so dass man die Zeitdifferenz nicht wahrnimmt, was jedoch nichts an der Tatsache ändert, dass es sie gibt.
Alles funktioniert, - wie bei der Zelle übrigens auch *(Rezeptor-Akzeptor),* nach dem **EVA** – Prinzip.

Eingabe – **V**erarbeitung – **A**usgabe.

Jedes biologische System kann nur so gut funktionieren, wie dieses EVA–Prinzip störungsfrei abläuft.
Jetzt komme ich zum Atlas, der bei rund 95% der Menschen verdreht ist! Die Folgen dieser Atlas-Verdrehung machen sich dadurch bemerkbar, dass Nervenstränge oder Blutgefäße eingeengt werden und das Gehirn dadurch nur noch sub-optimal versogt wird, wodurch es ebenfalls nur noch sub-optimal funktioniert. Für das biologische System Mensch bedeutet dies nun, dass die Kommunikation von äußeren Impulsen *(Eingabe)*, sowie die Verarbeitung und die Ausgabe ebenfalls nur noch sub-optimal ablaufen können. Es kommt daher zu Fehlinterpretationen und Dysfunktionen. Die Kommunikation gleicht in etwa einem Gespräch, bei dem nur noch jedes zweite Wort verstanden wird. Wie komplex und überlebensfähig der menschliche Körper ist sieht man daran, dass die Menschen dennoch leben und sogar den Eindruck haben, sie seien gesund!

Mit einer einmaligen und einfachen Behandlung kann man diese Fehlstellung des Atlas Wirbels bereinigen.
Aus meiner Erfahrung heraus ist dies die mächtigste Prophylaxe, die man auf der physiologischen Ebene vollziehen kann. Der Atlas ist ein kausaler *„Point of Health"*, weswegen es aus meiner Sicht von größter Bedeutung für alle geistigen und körperlichen Interventionen ist, dass man diesen korrigieren lässt. Wie sollte ein Computer zuverlässig arbeiten, wenn seine Hauptleiterbahn beschädigt ist? –

Es gibt hier eine nachhaltige Methode, den Atlas ohne Risiken korrigieren zu lassen. Mit der *ATLAS-PROPHYLAX* Methode nach Schümperli erhält man hierbei nach meiner Erfahrung die besten Ergebnisse. Meine Empfehlung lautet daher, - lassen Sie sich den Atlas korrigieren, denn Sie

wollen ja mit Energie an sich und anderen arbeiten und das geht nur dann optimal, wenn die Hardware die Voraussetzungen hierfür bietet.
Ein Therapeutenverzeichnis finden Sie im Anhang dieses Übungs-Buches wobei sie auch im Internet *„googeln"* können, um einen Therapeuten in Ihrer Umgebung zu finden.

Die allererste und größte Aufgabe im Leben besteht darin, das Gleichgewicht zu halten.
Wolfgang Wiesmann

BRIAN FOOD

Beim *CYCLING* wird vor allem die Kapazität des Gehirns gefordert, weswegen ich eine spezielle Nährstoff-Formulierung zu einem Basispaket geschnürt habe, zu der es einen Ernährungsplan gibt. Diese Maßnahme erhöht den Erfolg des *CYCLING*-Trainings, da sie darauf abzielt, Stickstoff, sowie seine Gifte im Körper zu vermeiden, wodurch dem Gehirn mehr Sauerstoff für seine Leistung zur Verfügung steht.
Dies ist immens wichtig, da Prof. Bengston anhand einer *funktionellen Magnetresonanztomographie (fMRT)* nachgewiesen hat, dass das Gehirn beim *CYCLING* in den Gamma Bereich *(30 Hz)* und sogar noch darüber geht, wobei der Sauerstoffbedarf steigt. Aus Sicht der heutigen Nahrungssituation ist es deshalb sinnvoll und notwendig, dass man dem Körper dabei hilft, aus der Stickstoffentgleisung auszubrechen, damit vermehrt Sauerstoff für die physiologischen, aber auch geistig-mentalen Prozesse zur Verfügung steht.
Ich halte es für nicht sinnvoll, die Kapazität des Gehirns zu trainieren, ohne diesem Aspekt die notwendige Beachtung zu schenken.
Wie würde ein leistungsstarker Motor funktionieren, wenn man ihn mit minderwertigem Öl versorgt?

Die Stickstoffmeidung, bzw. die drastische Verringerung erreicht man dabei mit MAP *(Master Amino Pattern)*[2], - eine Proteinzufuhr, die eine NNU *(Stickstoffnettobilanz)* von über 99% aufweist und den Körper daher optimal während der Diät unterstützt. Auch wenn man keine Diät macht, ist MAP sehr hilfreich bei der Meidung von Stick-

---

[2] Lars Johansson: Die Eiweißrevolution – MAP, Master Amino Pattern, Information4life Ltd, (GB), 2012.

stoff. Zu hohe nahrungsinduzierte Stickstoffabfälle im Körper führen automatisch zu einer Verringerung des Sauerstoffanteils im Organismus, was eine verringerte Regenerations- und Denkfähigkeit zur Folge hat!

Die zweite Komponente ist *NEW-H*, wodurch Elektronen in den meist übersäuerten Organismus *(Übersäuerung = Protonenüberschuss = Elektronenmangel)* gelangen, die für mehr Mental- und Geistkraft sorgen, wodurch das *CYCLING*-Training und der Organismus sich harmonisch austarieren.
Elektronen bedeuten Lebensenergie und da sie nicht frei vorkommen, wurde in *NEW-H* eine Innovation kreiert, durch die ein Maximum an aktivierten Wasserstoff *(H^-)* die defizitären Elektronen-Potenziale retardiert, also im Laufe von ca. 12 Stunden, ausbalancieren kann.
In nur einer Kapsel *NEW-H* sind so viele Elektronen, wie in etwa 15.000 Gläsern frisch gepressten Orangensaft!
Bei soviel *„Hirnarbeit"* macht es also durchaus Sinn, hier auch auf Ebene der Nahrung aktiv zu werden, um optimale Ergebnisse zu erzielen. Zu den Elektronen sei gesagt, dass sie nach den Forschungsergebnissen des Nobelpreisträgers *Linus Pauling* über Wasserstoffbrücken transportiert werden. Das bedeutet, dass es bei einer so effizienten Elektronenzufuhr notwendig ist, auch ausreichend *„Gutes Wasser“*[3] zu konsumieren, sowie hochwertige Fettsäuren *(Alpha-Linolensäure, Linolsäure),* wie sie z.B. im Leinöl enthalten sind, in den Nahrungsplan einzubinden.
Das fördert die Wasserstoffbrückenbildung und den Elektronentransport, was eine physiologische Basis für eine rege Geist- und Mentalarbeit bedeutet.

Anders gesagt: Das Potenzial an Elektronen und Protonen führt zu einer Spannung, über welche die Zellen mit

---

[3] Hendrik Hannes: *Gutes Wasser – aktiver Wasserstoff & Co.*, BoD Verlag, 2007

Energie und Information versorgt werden. Natürlich muss die Spannung kompatibel für die Zelle sein, was jedoch nur dann der Fall sein kann, wenn entsprechende Elektronenpotenziale vorhanden sind. Sind zuwenig Elektronen vorhanden, dann verändert sich die Spannung. Fragen Sie sich, was passieren würde, wenn Sie Ihren Fernseher an eine Steckdose anschließen, die nur 150 V Spannung hat? –
Im Gegensatz zum Fernseher geht die Zelle nicht gleich kaputt, jedoch kann sie keine optimale Leistung mehr bringen, was ausnahmslos auf alle Zellen zutrifft, - auch auf die Gehirnzellen!

Eine weitere Besonderheit des von mir kombinierten Komplexes ist die Hydroxid-Ionen Lösung, der tibetanisches *Shilajit Mumijo* zugegeben wurde, was gleichzeitig das hochwertigste Mumijo unter allen Sorten ist und nur in knappen Ressourcen zur Verfügung steht. Dieser Komplex kann nicht alleine der Ernährungsphysiologie zugeordnet werden, vielmehr muss man ihn als eine Kohärenz-Nahrung verstehen. Lesen Sie hierzu meinen Artikel zu Mumijo[4] oder mein Buch, *„Wege zur Gesundheit“*, worin ich dezidierter auf das Thema Kohärenz-Nahrung eingehe.
Die Zufuhr von dieser Lösung bewirkt eine Verbesserung des gesamten Stoffwechsels, insbesondere des Hirnstoffwechsels, der bei *CYCLING* maximal gefordert wird.
Das von mir verwendete *Shilajit Mumijo* kommt aus einem tibetanischen Kloster, das dieses Bergferment schon seit ewigen Zeiten nutzt, um Körper, Geist und Seele in höchste Ordnungszustände zu bringen.

Natürlich darf man am Ende nicht vergessen, dass ein erhöhter Stoffwechsel auch mehr Abfälle mit sich bringt.
Nachdem ich als Kybernetiker ganzheitlich denke, habe ich als viertes Präparat dieses *CYCLING*-Food-Komplexes eine

---

[4] www.holisticart.eu/redaktion

Spezialität aus der russischen Forschung dazu gepackt, nämlich *PektiClean*.
Dabei handelt es sich um niedermolekulare Ballaststoffe, die sowohl intrazellulär, wie auch extrazellulär entgiften und ausleiten.

Das Ziel dieses *CYCLING*-Komplexes ist es, mit möglichst wenigen Mitteln einen möglichst großen Effekt zu erreichen. In diesem Zusammenhang ließe sich das Paket noch beliebig erweitern, denn eine jahrzehntelange Bioakkumulation von Toxinen lässt sich nun einmal nicht einfach so im Vorbeigehen auflösen. Eine anständige und nachhaltige Entgiftung des Organismus dauert aber viele Monate und manchmal sogar Jahre, weswegen ich den Interessierten an meinen geschätzten Freund, Dr. Reinwald[5] verweisen möchte, mit dem ich schon seit vielen Jahren sehr erfolgreich im Bereich der Detoxifizierung zusammenarbeite.
Ich kenne seine Produkte an deren Entwicklung ich teilweise selbst mitgewirkt habe und kann Ihnen daher nur diese Empfehlung geben, was natürlich nicht bedeuten soll, dass es nicht auch andere Entgiftungskonzepte gibt, die Sie selbstbestimmt für Ihr Training verwenden können.
Am Ende zählt nur der Erfolg der Maßnahme und so ist meine Empfehlung, so wie alles in diesem Buch, als ein Teil meiner Wahrheit zu verstehen.

Natürlich ist es keine Voraussetzung diese Präparate für das Erlernen von *CYCLING* zu verwenden, doch es erleichtert den Lernprozess ungemein, da man nicht nur den Geist, sondern auch den Körper in eine höhere Schwingung bringt. Ein mit Schlacken vergifteter und geschwächter Körper kann selbsterklärend nur ein geringes Maß seiner eigentlichen Leistungsfähigkeit freisetzen, was sich natürlich auf allen Ebenen des Seins auswirkt.

---

5 www.drreinwald.de

Deshalb auch diese Passage des Buches, die versucht, mit einfachen Mitteln ganzheitliche Lösungen hervorzubringen. Wer nur auf einer Ebene seines Wesens arbeitet, der ignoriert den Gesamtzusammenhang des Lebens und versucht zu trennen, was nur im Ganzen funktionieren kann.
Wer also konsequent sein möchte, der findet in diesem Paket eine bereits bewährte Möglichkeit dazu!

Wenn man sich entschließt *CYCLING* zu erlernen, dann kann man gleich einen finalen Neuanfang starten und die *„Metabolic Regulation"* Diät beginnen, auf deren Bezug ich im Anhang des Buches verweise. Ebenso habe ich Ihnen ein Konzept zur Leberentgiftung in den Anhang dieses Buches offeriert, da auch die Leber nach den Lehren der traditionellen Chinesischen Medizin *(TCM)* ein wichtiges Organ, nicht nur für die Entgiftung von Fetten und Toxinen ist, sondern auch für Emotionen.

Ich möchte noch einmal betonen, dass die *Bengston Methode* diesen ernährungsphysiologischen Schritt nicht vorsieht! – Es ist keine Voraussetzung für die Erlernung von *CYCLING*. Sie alleine müssen entscheiden, ob der Einsatz für Sie Sinn macht oder nicht.
Meine grundlegenden Beweggründe habe ich Ihnen in diesem kurzen Abschnitt vorgestellt und so möchte ich nun dazu übergehen, Ihnen die geistig-mentale Vorgehensweise zu erläutern.

Eine Seele, in welcher die Philosophie ihre Wohnung genommen hat, muss durch ihre Gesundheit auch ihren Körper gesund machen.
Montaigne

Die Wunschliste

Die *2-Phasen Methode* von Prof. Bengston beginnt mit einer Wunschliste. Auf diese Liste sollen mindestens 20 Wünsche geschrieben werden, mit denen man dann arbeitet. Diese Liste wurde nicht explizit dafür konzipiert, dass man sich dadurch seine sehnlichsten Wünsche erfüllen kann. Dass sich dies nach den Quantengesetzten *(Wahrscheinlichkeitswellen)* dennoch einstellt, ist ein positiver *Side-Effekt* dieser Methode. Man kann sich auch nur darauf beschränken, wenn man will, wozu allerdings auch das *CYCLING* als finaler Mechanismus notwendig ist.

Vielmehr aber war die Wunschliste als ein Mittel zum Zweck entwickelt worden, damit man seine Gedanken leichter auf etwas individuelles, positives ausrichtet und vor allem auch deshalb, dass man sich die Liste leichter merken kann. Es ist wichtig, dass die Wunschliste aus dem Herzen kommt und vor allem den individuellen Sehnsüchten entspricht. Mit Sehnsüchten beschäftigt man sich mehr oder weniger den ganzen Tag, doch meist bleiben sie unerfüllt, weswegen nur allzu oft das Sehnen am Ende zur Sucht wird. Aus diesem Umstand heraus tritt dann das Mangeldenken und die damit einhergehenden Ängste auf, welche die Möglichkeiten auf die Realisierung der Herzenswünsche blockieren. Die Folge ist eine negative Lebenserwartung und damit einhergehend, entstehen negative Denkmuster, die sich fortan dann nicht mehr nur auf die unerfüllten Sehnsüchte beziehen, sondern bald auf alles, was noch im Begriff ist zu werden. So geht es bei der Wunschliste auch darum, durch das Erzeugen von positiver Gedanken-Energie, aus den negativen Denkstrukturen auszubrechen, damit man in der 2. Phase das Positive zum *CYCELN* bringt und nicht seine Ängste. Stellen Sie sich einmal vor, wie fürchterlich es mental stinken würde, wenn Sie die ganze Kacke Ihrer Ängste ins Schleudern bringen!

Die Grundkonfiguration der Wunschliste sollte wie folgt vorgenommen werden:

1) Erfolgreich Cyceln	*Cyceln*
2) Erfüllte Liebe mit dem Partner	*Partner*
3) Urlaub am Meer	*Strand*
4) Gesunde Zähne, schmerzfrei beißen können	*Nüsse*
5) Abnehmen und eine gute Figur haben	*Adonis*
6) An Firma beteiligt sein	*GmbH*
7) Neuen Tennispartner finden	*Tennis*
8) Luxusauto fahren	*Ceyenne*
9) Fertiger Dachausbau	*Atelier*
10) u.s.w.	

So also könnte eine Wunschliste aussehen, die zur Basisarbeit des *CYCLINGS* gehört. Man muss dabei eine genaue Formulierung beachten und vor allen eines vermeiden: *Negationen!*

Auf der Liste sollte nicht stehen, was man nicht will, wir wollen ja eine positive Liste unserer Herzenswünsche hervorbringen. Seltsamerweise haben die meisten Menschen Probleme damit, ihre Herzenswünsche zu formulieren.
So ist es auch zu meiden, zu oberflächlich und pauschal zu sein. Wenn man also auf die Liste Schreibt: *Ich möchte einen Lotto 6er*, oder *ich möchte viel Geld*, dann geht das am Sinn der Liste vorbei und führt beim späteren *CYCELN* zu Blockaden. Stellen Sie sich anstatt dessen vor, wie Sie die

Millionen mit vollen Händen ausgeben und formulieren Sie das auf die Ihre eigene Art und Weise! Die Liste sollte einen genau formulierten Wunsch beinhalten, den man auf der linken Seite so aufführt, dass man den Wunsch vernünftig formuliert verstehen kann. Kurz und schmerzlos, - vermeiden Sie Romane und zu lange Formulierungen.
Die sind für den weiteren Verlauf nur störend. Auf der rechten Seite sollte dann die Abkürzung stehen, - ein Wort, mit dem man den Wunsch ausdrücken kann.

Die Wünsche auf dieser Liste dürfen ausschließlich nur Sie selbst betreffen. Bauen sie zuerst einmal einen Bezug zu sich selbst auf, bevor Sie später andere Menschen mit in die Liste nehmen. Bevor andere Menschen auf die Liste kommen, müssen diese auch Ihr Einverständnis gegeben haben, es sei denn, sie können dies nicht, wie Koma-Patienten, Kleinkinder, Tiere oder Demenz-Kranke, etc.
In dieser Liste müssen sie ein knallharter Egoist sein und sich alles gönnen, was Ihr Herz wirklich begehrt.
Eine Liste der nicht gelebten Sehnsüchte, die keine Begrenzungen kennt. Wichtig ist dabei auch, dass sie sich bei der Formulierung ihrer Wünsche wohl fühlen und dass sie keine Wünsche darauf setzen, die aus einer Erwartungshaltung anderer Personen stammt. Es sollen nur ihre Wünsche darin enthalten sein und Sie sollen auch kein Weltverbesserer sein. Das sind Sie ohnehin, wenn Sie zuerst an sich denken und sich dabei gut fühlen, weil sich dann der Erfolg schneller einstellen wird. Unterlassen sie es auch, mit der Liste Gott, oder einer anderen, höheren Macht imponieren zu wollen. Werden Sie sich klar, was sie wirklich wollen und das mindestens 20 x! –

Viele Menschen haben damit ein Problem, weil sie gelernt haben, ihren Fokus darauf zu richten, was sie nicht wollen. Probieren Sie es aus und fangen Sie gleich einmal an in sich zu gehen und nachzusehen, wonach sich ihr Herz sehnt.

Die Erstellung der Wunschliste ist dabei der erste Schritt. Wenn die Liste steht, dann geht es nun darum, sich ein mentales Bild davon zu erschaffen, wie der Wunsch nun aussieht, wenn er erfüllt ist. Lassen Sie es sein, über den Weg bis hin zur Erfüllung nachzudenken und sehen Sie nur das positive Ergebnis. Überlassen Sie den ganzen Weg von Jetzt bis zur Erfüllung vertrauensvoll einer höheren Macht und konzentrieren Sie sich nur auf das Ergebnis. Sie wissen ja: *Es kommt immer anders als man denkt!* – Überlassen Sie das Denken den Elefanten, - die haben größere Köpfe.

Doch bevor wir in die Exekutive gehen, versuchen Sie doch einmal neben dem Bild, nun auch ein Gefühl dazu zu erzeugen. Wie fühlt es sich für Sie an, wenn Sie eine erfüllte Partnerschaft haben oder Sie in einem Porsche *Ceyenne* sitzen, oder aber Sie sich selbstständig machen?
Können Sie dieses Gefühl an das innere Bild koppeln, oder kommt da im Moment nur ein gefühlloses Bild oder bildloses Gefühl oder kommt da noch gar nichts? – Damit sind wir bei dem tieferen Sinn der Wunschliste, die sie auffordert Ihre Herzenswünsche zu formulieren, damit sie sich vom Wunschergebnis ein Bild machen können an das Sie ein Gefühl koppeln. Das soll in erster Linie dazu dienen, damit man nicht abgelenkt wird und sich geistig fokussiert und, am wichtigsten, es soll Spaß machen, daran zu denken. Nur wenn man bei dem Wunsch ein inneres Lächeln verspürt oder ein Gefühl der Genugtuung oder des stillen Genusses, dann ist es auch wirklich ein Herzenswunsch. Vermeiden Sie es bitte, einfach einen Wunsch auf die Liste zu klatschen, nur damit die Liste voll wird.

Es müssen übrigens mindestens 20 Wünsche sein oder sogar noch mehr. Damit soll vermieden werden, dass man sich beim *CYCELN* zu sehr auf den einen oder anderen Wunsch stützt. Alle Wünsche sind gleichberechtigt, auch die, die einem nebensächlich aber dennoch wünschenswert erscheinen. Die Liebe des Herzens kennt keine Hierarchie. Jeder Herzenswunsch, egal wie groß, klein, bedeutend oder unbedeutend er dem *kleinen Hirn* auch vorkommen mag, ist dazu da, den Seinszustand der Liebe aus dem Herzen zu erzeugen. Sich selbst bedingungslos zu lieben bedeutet, dass wir unserem Bewusstsein erlauben zu expandieren und je mehr wir das zulassen, desto stärker sind wir mit allem verbunden, was in und um uns existiert. Das Streben nach Glückseligkeit durch die Erfüllung unserer Herzenswünsche führt uns zum Höhepunkt unseres Mitgefühls und damit zum Maximum unserer Liebesfähigkeit. Liebe ist damit eine Bewusstseinsqualität zur Einheit mit allem was ist, weswegen uns in diesem Zustand der allumfassenden Verbundenheit alle Energie des Universums zur Verfügung steht, die uns und alles segnet, was die Bewusstheit nicht ausgrenzt.

Aus dieser Sicht erfüllt die Wunschliste zwei grundlegende Aufgaben: Erstens soll sie uns bewusst machen für die Wünsche unseres Herzens. Zweitens entsteht aus der Bewusstwerdung der ureigenen Wünsche, Achtung und Respekt zu sich selbst, was die Grundvoraussetzung für das freie fließen von Liebesenergie ist. Nur wer selbst zu sich und seinen Wünschen steht, ist bereit für die Liebe zu sich selbst, die er nur in dem Maß nach Außen geben kann, wie er sie in sich selbst entwickelt hat! Nur wer sich selbst genießen kann, der kann auch die Fülle des Lebens genießen und wird für sich und andere genießbar.

Leben heißt: Das Leben genießen!
Thomas Wolfe

WAS WÜNSCHE ICH MIR.........

Wenn wir uns mit unseren innersten Wünschen auseinandersetzen, dann dringen wir tief in unsere Trieb- und Instinktnatur ein. Damit sind Erfahrungen angesprochen, die unsere Seele durch unseren Körper erfahren möchte, die jedoch oft zu Konflikten mit gesellschaftlichen oder religiösen Tabus führen.

Vielen Menschen ist daher Ihre Triebnatur peinlich, da sie glauben, dass andere darunter zu leiden hätten oder dass sie sich aus dem *Mainstream* der konditionierten Gesellschaften *outen*, wenn sie ihren Gefühlen freien Lauf lassen. Da unsere physische Natur jedoch einen angemessenen Ausdruck unserer Vitalität und Leidenschaft sucht, kommt es hier bei vielen Menschen zu massiven Blockaden und das *kleine Hirn* sperrt sich jeglicher Form von Erfahrung. In dem Wort *Leidenschaft* steckt bereits die Folge der Unterdrückung diese Triebes, denn es wird daraus Leiden erschaffen, das infolge der Verachtung der irdischen Natur des Menschseins entsteht. Dieser unterdrückte Impuls ist hauptverantwortlich für alles Leid und Leiden auf unserer Welt, weil die meisten Menschen noch nicht einmal im Ansatz darüber nachdenken, wie sie diesen Teil ihrer animalischen Natur zur Geltung bringen können, ohne dabei jedoch die Grenzen eines anderen zu verletzen.

Mit der Wunschliste sollte man daher beginnen, vielleicht das erste Mal in seinem Leben, ehrlich zu sich selbst zu sein und zu dem zu stehen, was man wirklich will, ohne darauf zu achten, was andere Menschen deswegen von einem denken oder denken könnten. Die Wunschliste entsteht in der Introversion der tiefsten Wesensnatur.

Genau da wollen wir hinkommen, womit die meisten Menschen jedoch ein Probleme haben, das es im Vorfeld zu lösen gilt.

Auf der Suche nach der geheimen Treibnatur des Individuums frage ich nie, was man sich wünscht.
In diesem Kontext interessiert mich viel mehr, was einem Menschen peinlich ist, - was verstecke ich vor anderen Menschen, - was traue ich mich, nur im stillen Kämmerchen zu genießen und was treibt mir die Schamesröte ins Gesicht, wenn andere es wissen würden? – Was lässt Sie erröten? – Finden Sie nichts, was Scham, Schuld und Peinlichkeit in Ihnen hervorruft? – Dann sind Sie arm dran! Wahrscheinlich hat man Ihnen dann gründlich den animalischen Teil Ihrer Wesensnatur, im wahrsten Sinne des Wortes ausgetrieben.

Das kann auf zwei Arten passieren:
Erstens, man hat das Wesen durch restriktive Tabus gebrochen, oder zweitens, man hat das Wesen durch die extreme und entartete Triebnatur eines Außenstehenden traumatisiert. In beiden Fällen wird die triebhafte Lebenskraft massiv blockiert, was dazu führt, dass man ein Leben hinter einer Maske führt, die den eigenen Ausdruck versteckt.

Die Triebnatur ist ein primärer Teil des *Inneren Kindes*, das absichtslos in neue Erfahrungen geht und in freudiger und vertrauensvoller Hingabe wartet, was passiert. Das Innere Kind ist die Quelle der Inspiration und der Intuition und es ist der Teil der menschlichen Natur, der nicht klammert, sondern loslassen kann. Das Kind will sich immerfort neu erfahren, was es jedoch nur dann kann, wenn es an nichts klammert und nicht blockiert wird von außen. Sonst würde es ja immer dieselbe Erfahrung machen oder sich nicht trauen, eigene Erfahrung zu machen! – Langweilig..... !

Geben Sie also Ihrem *Inneren Kind* mehr Spielraum und lassen Sie es sich selbst erfahren. Hierzu habe ich eine sehr effiziente Übung für Sie vorbereitet, mit welcher Sie das schlafende Kind in sich erwecken können, damit es wach und frei zu Ihnen sagen kann, was es sich von Herzen wünscht.
Die Übung ist sehr einfach, erfordert aber etwas Zeit. Dafür ist der Effekt umso nachhaltiger!
Alles ist Licht, - reines, weißes Licht. Erst wenn Licht sich verdichtet, spaltet es sich in seine 7 Grundbestandteile auf, die man im Regenbogen bestaunen kann. Der Regenbogen entsteht, weil sich Wasser in der Luft verdichtet, wodurch das Licht in seine einzelnen Aspekte zerlegt wird.
Jeder Aspekt des Lichts hat seine eigene Qualität und da das Gehirn gewöhnt ist, Lichtaspekte in bewusste Bilder umzuwandeln, ist es eigentlich einfach, sich Licht in seinen unterschiedlichen Farben vorzustellen. Die Übung beruht nun darauf, sich ein inneres Bild eines Lichtaspektes zu machen und sich dabei zu beobachten, was dieses Licht in einem auslöst.

Um ein Gefühl dafür zu bekommen, stellen wir uns vor, wir würden uns mit diesem Lichtaspekt auffüllen.
Dabei beobachten wir, was sich bei dem inneren Bild im Körper verändert, - wo wird es warm, wo pocht oder kribbelt es und welche Bilder, Gefühle oder Bedürfnisse kann man dabei empfinden.
Nehmen Sie sich für diese Übung mindestens 5 Minuten je Farb-Aspekt Zeit. Es kann sein, dass ein Farbaspekt Sie gar nicht anspricht. Schenken Sie ihm keine Aufmerksamkeit und gehen zu den Farbaspekten, die besonders intensiv auf Sie wirken. Bleiben Sie solange in einem Farbaspekt, bis Sie eine klare Vision davon haben, welche(s) Gefühl(e) und welche(s) Bedürfnis(se) da von Ihnen erkannt werden wollen. Es können bei einem Farbaspekt auch mehrere

Impulse entstehen. Schreiben Sie alles auf, bevor Sie dann zum nächsten Farbaspekt übergehen.

Beginnen Sie mit der Farbe Rot, dann Orange, Gelb, Grün, Hellblau, Dunkelblau und Violett.

Wenn Sie mit dem Visualisieren der Farben ein Problem haben, dann nehmen Sie einfach ein farbiges Papier, das Sie auf die Augen legen. Ebenso können sie das farbige Papier in der genannten Reihenfolge konzentriert ansehen und dabei in sich reinspüren, wonach es Ihnen ist.

Die Schwingung von Farben geht direkt in die astralen Ebenen des Emotionalkörpers, wodurch sie Ihnen helfen können, Klarheit im Bezug auf Ihre Gefühle und emotionalen Bedürfnisse zu bekommen. Ich empfehle diese Übung auch geübten Menschen, da sie zu emotionaler Klarheit führt, was bei der Erstellung der Wunschliste von großer Bedeutung ist.
Heutzutage ist das *Innere Kind* leider oft durch traumatische äußere Ereignisse verstummt, was sich in Trauer, fehlenden Urvertrauen, Minderwertigkeitsgefühlen, sowie vielen anderen negativen Lebensaspekten ausdrückt.
Ich empfehle daher, neben dem Atlas-Wirbel hier auf einer kausalen Ebene aktiv zu werden. In diesem Zusammenhang darf ich hier auf meine Workshops hinweisen, in denen wir in kleinen Gruppen über schamanische Techniken das *Innere Kind* ins Licht bringen. (Siehe Anhang)

Das Gefühl der inneren Leere ist eine Form der chronischen Depression, so als trauere man ständig um den Verlust des eigenen, wahren Selbst.

John Bradshaw, Das Kind in uns

GEDANKENKONTROLLE

Wer nun über das emotionale Gedankenbad nicht fündig geworden ist, wonach sich sein Herz sehnt, der hat wahrscheinlich ein Problem mit unkontrollierter Gedankenflut, die auf ihn einprasselt. Viele Menschen nehmen diese gar nicht bewusst wahr, - sie haben sich daran gewöhnt, dass sie permanent von unkontrollierten Gedanken gesteuert werden. Bei einem Menschen, der sich so willkürlich von Gedankenenergie treiben lässt, treten zwei signifikante Merkmale auf:

1) Er kommt nicht in die Gedankenruhe und

2) er hat Probleme, einen konzentrierten Gedanken länger als 30 Sekunden zu halten.

Das sind aber leider keine guten Voraussetzungen für das weitere Vorgehen im Lernprozess des *CYCLING*! –
Wir sollten Abhilfe schaffen! - Alles was Sie dazu benötigen, ist ein starker Wille. Das Denken von Gedanken kann genauso trainiert werden, wie Muskeln oder Fertigkeiten, sofern man das will. Vergessen Sie nie, dass der Wille des Menschen die stärkste Energie ist, die ihm zur Verfügung steht um sein Leben nach seinem göttlichen Seelenplan zu gestalten. Auch um die *Muckies* zu trainieren braucht man übrigens einen Willen!

Um seinen Seelenweg zu finden, muss man sich seines Willens und seiner Mentalkraft bewusst werden und das gelingt nur, wenn man lernt, mit seinen gedanklichen Schöpfungswerkzeugen umzugehen! – Ansonsten bleibt der Mensch ein unbewusster Spielball der willkürlichen äußeren Einflüsse und seine individuelle Schöpfungsenergie dient wesensfremden Inhalten, anstatt der eigenen Wesensentwicklung, was man auch als Energie-Vampirismus bezeichnet!

Gedankenverworrene Unbewusstheit öffnet dem Vampir dabei die Türen, weswegen es wirklich wichtig ist, seinen Gedanken mehr Aufmerksamkeit zukommen zu lassen, insbesondere dann, wenn man vor hat aktiv mit seiner Mentalkraft zu arbeiten. Jetzt höre ich schon die empörten Stimmen die behaupten, dass das nicht ginge und viel zu schwer sei. Wenn Sie der Meinung sind, Sie hätten schon alles probiert und nichts könnte Sie dazu befähigen, Ihre Gedanken und Gefühle zu kontrollieren, dann ist jetzt ein guter Zeitpunkt gekommen, das Buch weg zu legen, um dem Glaubensgrundsatz treu zu bleiben! –

Wenn Sie aber offen dafür sind, dass es vielleicht ganz einfache Mechanismen gibt, die Ihnen helfen könnten, von denen Sie nur noch nichts gehört haben, dann werden Sie ihr *„Blaues Wunder"* erleben, wie einfach es ist, das *plappernde Hirn* dem selbstbestimmten Willen zu unterwerfen!

Wichtig ist für den Anfang, dass man eine Erfahrung macht, die man spüren und erfahren kann und die aus einem selbstbestimmten Impuls kommt. Hierzu stelle ich Ihnen eine einfache Übung vor, die Sie sofort dazu befähigt, dem wirren Denken Einhalt zu gebieten. Diese Übung ist an den Atemrhythmus gekoppelt. Der Vorteil dabei ist, dass der Atemrhythmus über das *autarke Nervensystem* gesteuert wird. Sie müssen also nichts weiter tun, als sich diesem Rhythmus mittels Beobachtung bewusst zu werden.
Was sich so einfach anhört, würde ein ganzes Buch mit quantenphysikalischen und physiologischen Aspekten füllen, was jedoch nicht der Anspruch dieses Buches ist.
Wir wollen den Atem für drei wichtige Aspekte des *Cycling* einsetzen:

1) Das Hirn braucht Sauerstoff! – Die meisten Menschen sind zu monotonen *Lungenatmern* geworden, was bedeutet, dass sie nur etwa 50% des Sauerstoffs aufnehmen, den sie aufnehmen könnten. Werden Sie also ein *Ganzkörperatmer*! *(Übung 1)*
2) Bewusstheit ist alles. Wandern Sie als Beobachter in den Bewusstseinssphären, in dem Sie erkennen, dass unbewusste Atmung in den physischen Körper geht, bewusste Atmung hingegen in den feinstofflichen, geistigen Körper. Immer wenn man den Atem beobachtet, dann atmet man in seinen Lichtkörper. So ist es möglich, lichtvolle Liebe in sein ganzheitliches Wesen einzuatmen und die dunklen Aspekte der Unliebe *(Angst)* auszuatmen. *(Übung 2)*
3) Mit der *Leminskaten-Atmung* schalten Sie alle Gedanken ab! – Mit dieser bewussten Atemtechnik, die Sie überall machen können, schaffen Sie Gedankenruhe und können jederzeit aus dem Strudel wirrer Gedanken ausbrechen. Das führt zu Klarheit und Selbstbestimmung und hilft dem Wesen, Energie zu sparen! Fast 90% der zugeführten Nahrungsenergie wird vom wirr-denkenden Hirn benötigt. Gut 30.000 Gedanken stressen das Hirn jeden Tag, ohne dass man Ihnen Einhalt gebietet. Das führt dazu, dass für die Energie des Herzfeldes nur schwache Impulse zur Verfügung stehen! – Aus diesem Herzfeld, das nach Messungen des *Heartmath Instituts* etwa 1000 x stärker ist, als das Feld des wirren Denkens, entstehen die Kohärenzwirkungen, welche die Realität des Menschen herbeiführen. Das, was man bewusst denkt, wird zum Impuls in der Herz-

energie, mit der man seine individuelle Realität erschafft!

Bevor wir zu den Übungen kommen, sollten Sie einige kleine, aber bedeutende Grundvoraussetzungen erfüllen. Lassen Sie sich nicht mehr unterhalten, denn wer sich unterhalten lässt, der lässt sich *unten halten*! Meiden Sie für einen Zeitraum von mindestens 1 Monat die Berieselung aus dem Fernseher und dem Radio!
Lesen Sie keine Zeitschriften mehr, - wen interessiert, was schon vorbei ist oder was in Afrika passiert ist? – Was hat das mit Ihnen zu tun? – Nichts, - aber es bringt Sie zum Denken. Denken Sie nur an Dinge, die aus Ihrem direkten Lebensumfeld kommen und versuchen sie alles auszugrenzen, was nichts mit Ihnen zu tun hat. Auf diese Art lernen Sie Wichtiges von Unwichtigem zu unterscheiden. So reduzieren Sie den Gedankenstrom auf vielleicht noch 10 – 15.000 Gedanken, was bereits eine positive Auswirkung auf die Kohärenzwirkung Ihres Herzfeldes haben wird. – *Sie werden es spüren!*

Ihre Gedanken sind pure, göttliche Schöpfungsenergie!
Lassen Sie diese Energie also nur noch für das wirken, was Ihnen für Ihr individuelles und selbstbestimmtes Leben von Diensten ist und achten Sie darauf, dass Sie möglichst nur noch positive Gedanken denken.

*Gott, gib mir die **Kraft**, Dinge zu verändern,*
die ich ändern kann.
*Gib mir die **Gelassenheit**, Dinge zu akzeptieren,*
die ich nicht ändern kann und
*schenke mir die **Weisheit**,*
das Eine vom Anderen zu unterscheiden.
Blaise Pascal

Die Denkkultur des Mangels und der Angst dient nur denjenigen, die sich Ihrer Gedankenkraft bedienen, um ihre eigennützigen Ziele zu erreichen, die aber mit Ihrem Lebensweg nichts zu tun haben!

Richtiges positives *(nicht opportunistisch)* Denken ist dabei eine kausale Voraussetzung und ganz einfach. Hierzu darf Ich Ihnen eine Übung von *Prof. Norbekov* vorstellen, die Ihnen den Stress des selbstbestimmten Denkens abnimmt.
Stellen Sie sich mit stolz geschwollener Brust kerzengerade hin und behalten Sie diese Haltung immer bewusst bei.
Die gerade Stellung erreichen Sie, indem Sie versuchen, die Schulterblätter so nahe wie es geht, zueinander zu stellen. Egal wo sie gerade stehen, sitzen oder liegen, - bleiben Sie gerade! – Als zweites müssen Sie sich *(am Anfang)* dazu zwingen, immer zu lächeln.
Die Dauerübung heißt also: *Immer gerade stehen, Schultern nach hinten und lächeln!* Glauben Sie, dass das möglich ist?

Ihre Gedanken können Sie nicht immer kontrollieren, - das wäre nur sehr schwer möglich. Aber auf Ihre Haltung und Ihren Ausdruck können Sie immer bewusst achten. Wenn Sie dies tun, kommen die Positiven Gedanken von ganz alleine. Sie werden sogar echte Probleme bekommen, Negativität herbeizuholen, oder in sich wirken zu lassen!

So einfach diese Übung ist, so schwer wird es für Sie am Anfang sein, dauerhaft am Ball zu bleiben. Was Sie hierzu benötigen ist ein selbstbestimmter Wille, was mit der Überwindung des *„Inneren Schweinehundes“* einhergeht.
Wenn man sich überlegt, wie sich manche Menschen abstressen, um dies auf andere Weise zu erreichen, dann wird sich das Lächeln ganz von selbst einstellen.
Also fangen Sie sofort an! – Setzen Sie Ihr charmantes Lächeln auf und bleiben Sie gerade, - lassen Sie sich nicht mehr verbiegen! – Ich bin mir übrigens sicher, dass Sie mit

einem Lächeln viel schöner und ausgeglichener Wirken, als mit einem krampfhaft zugekniffenen Mund. Überzeugen Sie sich selbst und erhaschen Sie im Spiegel das Bild Ihres strahlenden Ausdrucks. Wie fühlt es sich an gerade zu stehen und vor allem, wie verändert sich Ihr Gesamtausdruck, wenn Sie gerade und aufrecht stehen? – Schauen Sie sich ruhig ein paar Minuten im Spiegel an und werden Sie sich bewusst wer da vor Ihnen steht und wie er sich anfühlt. – Was verhindert Sie also, dieses erhabene Gefühl jederzeit zu haben?

ÜBUNG 1

Bei dieser, ebenfalls, sehr simplen Übung geht es darum, richtig zu atmen. Atmen ist Lebensenergie und der Takt des Atmens ist der Lebensrhythmus. Mit bewusstem Atmen beginnen Sie, den Rhythmus der Sie antreibt, selbst zu bestimmen. Das ist ein Effekt dieser Übung.
Der physiologische Effekt jedoch sollte sein, best mögliche Voraussetzungen für das *CYCLING* zu schaffen, mit anderen Worten, dem Gehirn ausreichend Sauerstoff zur Verfügung zu stellen, damit es genug *CYCEL*-Treibstoff hat.

Hierzu stelle ich Ihnen eine Übung aus dem *Pranayama* vor, das einem indischen Yoga entstammt. Diese Art des Atmens wird auch *PRANA*-Atmung genannt, wobei das *PRANA* für einen Aspekt der Lebensenergie steht.

Am besten ist es für diese Übung wenn Sie sich aufrecht *(gerade & lächelnd)* hinstellen. Atmen Sie langsam über das Zwerchfell in den Bauch ein. Füllen Sie den Bauch mit Luft und lassen Sie den Bauch sich ausdehnen bis nichts mehr hinein geht. Dann lassen Sie die Luft langsam in die unteren Lungenflügel einfließen – dann in die Mitte bis die

Lungen sich bis ins letzte Eck *(an den Schulteransätzen endend)* gefüllt haben. Halten Sie die Luft für etwa 3 Sekunden an und konzentrieren Sie sich dann auf das Ausatmen. Beim Ausatmen fangen Sie ebenfalls wieder im Bauch an. Ziehen Sie den Bauch beim Ausatmen ein und legen Sie am Anfang die Hand auf den Bauch, mit der Sie durch sanften Druck das Ausatmen unterstützen können.
Wenn alle Luft dem Bauch entwichen ist, dann fangen Sie an, die Lungen von oben nach unten auszuatmen, bis alle Luft entwichen ist. Wieder 3 Sekunden anhalten und dann wieder auf dieselbe Weise einatmen. Üben Sie diese Übung solange, bis Sie in der Minute 4 x Ein- und Ausatmen können. Quantenphysikalisch atmen Sie mit der *PRANA* Atmung in einer Frequenz von 108 Hz, wodurch Sie den Atem mit dem Herzrhythmus synchronisieren. Wenn Sie 4 x pro Minute atmen, dann entsteht eine Minutenfrequenz von 432 Hz[6], was dem Kammerton a entspricht, wodurch der Atem sich nun auch mit der ATP-Synthese synchronisiert, was einen optimalen Energiefluss ermöglicht.
Sie können natürlich auch das Mantra *„OM"* singen, das ebenfalls eine 432 Hz Frequenz auslöst, doch dann werden Sie sich mit dem Atmen schwer tun.

Die Atmung in den Bauch sollten Sie sich dauerhaft angewöhnen. Wenn Sie sich an diesen Atemrhythmus gewöhnt haben und dann z.B. zum joggen gehen, werden Sie deutliche Effekte spüren, was Leistung und Kondition betrifft. Sollten Sie gerade im Stress sein, dann wird die Atmung Sie wieder zentrieren und zur Ruhe bringen.
Versuchen Sie übrigens einmal, wenn Sie in der Atempause sind, an etwas zu denken! – Oh, - konnten Sie an etwas denken? – Ein netter Nebeneffekt! – In den *„Nullpunkten"*, wie ich die Atempausen bezeichne, ist es sehr schwer an etwas zu denken. Dieser Effekt lässt sich sehr gut nutzen,

---

[6] Bodo Köhler, *Grundlagen des Lebens*, Verlag videel OHG, Niebüll, 2001.

wenn man sich gerade einmal wieder in einer zwanghaften Denkspirale befindet. Alleine schon das Atmen macht es dem *kleinen Hirn* schwer, in chaotische Denkprozesse abzudriften, weswegen es durchaus sinnvoll ist, vor geistig-mentalen Arbeiten, 12 Mal bewusst ein- und aus zu atmen. Wenn Sie gut geübt haben, dann dauert die Übung, gerade und lächelnd stehend, 3 Minuten. 3 Minuten zu je 4 Atmungen ergibt insgesamt 12 Atmungen, was gleichsam der Flächenzahl des *Dodekaeders* entspricht, welcher wiederum die Ordnung des kosmischen Hintergrundfeldes darstellt. Derlei Übungen haben immer den größten Effekt, wenn man sich an die kosmische Ordnung anpasst,
wodurch man in den natürlichen Fluss des Lebens gelangt. Wer seinen Atem bewusst kontrolliert, der kontrolliert auch die Bewegung seines Lebens!

ATEM-ÜBUNG 2

Setzen Sie sich zur Bewusstwerdung gemütlich hin und schließen Sie die Augen. Beobachten Sie nun einfach eine gewisse Zeit Ihren Atem, - wie er ganz alleine kommt und geht. Nehmen Sie zunächst keinen Einfluss auf den Fluss des Atems und beobachten Sie nur, wie er ganz von alleine kommt und geht. Beobachten Sie sich, wie Sie sich fühlen und was Sie denken, wenn Sie einatmen und machen Sie dieselbe Beobachtung beim Ausatmen.
Verweilen Sie so etwa 5 – 10 Minuten und seien sie nur passiver Beobachter der Atmung. Lassen Sie auch alle Gedanken kommen und gehen, - halten Sie nichts zurück und weisen Sie nichts ab, - lernen Sie einfach still zu beobachten.

Indem Sie ihren Atem beobachten, fangen Sie an, Ihren eigenen Lebensrhythmus wahrzunehmen, sich selbst zu erkennen. Können Sie feststellen, dass Sie beim Einatmen

leicht denken können, wohingegen beim Ausatmen das denken schwer fällt? – Wie fühlt es sich an, Lebensenergie aufzunehmen und verbrauchte Lebensenergie abzugeben? Wie verändert sich Ihr Atem, wenn Sie schöne Gedanken und Emotionen haben und wie, wenn es der Gegenpol ist?
Es ist wichtig, dass Sie sich für diese Übung Zeit nehmen! – Ich kann Ihnen viel erzählen, doch das was wirklich zählt, das ist Ihre persönliche, individuelle Erfahrung, - Ihr aktives Erlebnis, das willentlich durch Ihre selbstbestimmte Aufmerksamkeit entsteht und zu einem Gefühl wird, das nur sie selbst wahrnehmen können.
Variieren Sie Ihre Beobachtung, indem Sie in sich hineinspüren, was ein und derselbe Gedanke oder Gefühl bewirken, wenn Sie in den Bauch und dann in die Brust ein- oder ausatmen. Beobachten Sie Ihren Atem, wie er sich im Alltagsleben verändert, wenn Sie sich z.B. aufregen, in Bedrängnis geraten, in Ekstase sind oder sich entspannen.

Ihr Atem passt sich ganz automatisch jeder gedanklichen oder emotionalen Regung an und das bedeutet, dass sich auch jede gedankliche oder emotionale Regung dem Atem anpasst! – Sie müssen nur ihren Atemrhythmus erkennen lernen, womit es Ihnen dann nach einiger Übung leicht möglich wird, sich auf ein selbstbestimmtes Level Ihrer Gedanken und Gefühle zu regulieren. In der Regel ist es einfacher sich in bestimmten Situationen auf seinen Atem zu konzentrieren, als auf das emotionale und rationale Gewirr, wodurch Sie automatisch vom unbewussten Treiben in die selbstbestimmte, kontrollierte Bewegung kommen. Damit wird Ihnen eine große Fähigkeit zuteil, die Ihnen ein wertvoller Begleiter auf dem Weg in der geistigen Entwicklungsspirale nach oben ist: *Vergebung*.

Vergebung bedeutet, dass Sie nicht mehr emotional auf äußere Einflüsse reagieren. Sie *ver-geben* ihre emotionale

Betroffenheit und brechen damit aus, aus dem Bannkreis der fremdbestimmten Einflussnahme auf Ihr Wesen!
Dies ist ein Quantensprung auf ihren Meisterweg, der zu einem selbstbestimmten und damit wesensgerechten Leben führt. Die Atmung ist ein Schlüssel auf Ihren Weg zur Selbstmeisterung, was gleichsam das höchste Ziel ist, das ein Mensch in seinem Sosein erreichen kann!

Wenn Sie am Anfang zur Bewusstheit Ihres individuellen Rhythmus stehen, dann ist es sehr hilfreich, Vergebung durch gezieltes Atmen zu erreichen. Wenn Sie fähig werden zu *ver-geben*, dann entledigen Sie sich aller negativen Denkprozesse, die mit der von außen zugefügten emotionalen Verletzung einhergehen. Ist das nicht sinnvoller und einfacher, als Monate, wenn nicht jahrelang beim *Seelenklemptner* zu verbringen und immer wieder und wieder in der Verletzung herumzuwühlen? Vielleicht ist dies in manchen Fällen wirklich notwendig, doch die kausale Ursache für den Seelenschmerz ist immer die Unfähigkeit, zu *ver-geben*! Wenn Sie *ver-geben*, dann machen Sie das *nur für sich*, weil Sie es sich wert sind, ein Leben zu führen, das Sie selbst bestimmen! Vergebung ist kein heiliges Sakrileg sondern ein gesunder Egoismus, um die Freuden des Lebens genießen zu können, ohne sie sich von äußeren Umständen vermiesen zu lassen! Vergebung macht Sie nicht schwach, sondern im Gegenteil, sehr stark!

Machen Sie hierzu bitte nachfolgende Übung:

Stellen oder setzen Sie sich hin und schließen Sie die Augen. Versuchen Sie ein inneres Bild von sich selbst zu bekommen und beobachten Sie, wie bei jedem Einatmen, weißes Licht durch Ihr Kronen-Chakra *(höchster Punkt des Kopfes)* zuerst in den Kopf, dann in die Brust, den Bauch und am Ende den ganzen Körper erfüllt.

Beim Ausatmen visualisieren Sie nun, wie Dunkelheit oder dunkle Farben ebenfalls aus ihrem ganzen Körper durch das Kronen-Chakra austreten.
Versuchen Sie sich vorzustellen, wie die dunklen Farben in einem kreisförmigen Strom vom Kronen-Chakra in einem Halbkreis bis zur Spitze des Kreises fließen. Dort werden sie dann zu weißem Licht transformiert, das mit dem Einatmen wieder den ganzen Körper erfüllt. Machen Sie diese Übung solange, bis beim Ausatmen nur noch weißes Licht von Ihnen abgeht.

Bei dieser Übung ist es vollkommen egal, was Sie gerade beschäftigt. Machen Sie es sich so einfach wie möglich. Das was zu transformieren ist, ist eh schon existent und wenn Sie nur an das weiße Licht denken, mit dem Sie beim Einatmen Ihren Körper anfüllen dann wird alles der Ordnung des Lichtes folgen. Das Dunkle, was ein Tei von Ihnen ist, lassen Sie einfach gehen und beobachten es nur, wie es sich auf das obere Zentrum des Kreises zubewegt, an dem die Transformation in weißes Licht erfolgt. Halten Sie beim Übergang von Dunkel ins Hell den Atem kurz an, bis Sie deutlich die Verwandlung sehen können.

Fokussieren Sie sich dabei nur auf den Kreislauf und nicht auf die Inhalte der Dunkelheit. Wenn Sie diese Übung ein paar Minuten lang machen, dann werden Sie erkennen, dass immer weniger Dunkelheit aus Ihnen ausströmt.
Wenn der Kreislauf dann nur noch Licht ist, dann wird es Ihnen schwer fallen, diesen dunklen Gedanken nach der Übung noch einmal in die Gegenwart zu bringen. Er ist dann transformiert, ohne dass Sie sich mit dem rationalen oder emotionalen Inhalt auseinandersetzen müssten! – Vermeiden Sie aber, zwanghaft an das Problem weiter zu denken, denn je häufiger Sie daran denken, desto schneller kann es wieder zum Inhalt des Momentes werden, was nicht sinnvoll ist, es sei denn, Sie wollen einfach einmal eine Probe auf Exempel machen, um die nachhaltige Kraft dieser einfachen Übung näher kennen zu lernen. Was soll schon passieren? – Kommt die Dunkelheit wieder, dann wiederholen Sie die Übung einfach.

Merke: *Bei vielen Menschen existiert unbewusst das Bedürfnis, in einer unbefriedigenden, energieraubenden Situation zu verharren, was einer Such nach Leid entspricht. Sie fügen sich lieber selbst ein erträgliches Maß an Leid zu, als sich auf das unbekannte Terrain ihrer Befreiung zu begeben, weil sie Angst vor noch mehr Schmerz und Enttäuschung haben, was grundlegend aus einem mangelndem Urvertrauen entspringt. Es handelt sich dabei um eine Sucht des Emotionalkörpers, negative und leidvolle Erfahrungen dauerhaft zu wiederholen und neu aufzuladen, wodurch man sich ohnmächtig macht, - man lässt sich willenlos fallen und fühlt sich ohne Macht, daran etwas verändern zu können (wollen!). Mit dieser Übung können Sie aus diesem Feld des selbst erschaffenen Leides aussteigen.*
Die dabei entstehenden Emotionen können aber auch beim CYCLING als Antriebsenergie verwendet werden. Da diese dunklen Energien jedoch oft zu geistig-mentalen Wirrungen führen, empfehle ich Ihnen, nur positive Energien für den

Antrieb des CYCLINGS zu verwenden und die negativen Energien mit dieser Übung aufzulösen.

Kein Mensch kann die Konflikte seines Lebens lösen, solange die Angst vor Strafe sein Ich, seinen Entscheidungsspielraum, seine Freiheit besetzt hält.
Eben deshalb ist es nach Jesu Meinung unendlich wichtig, den Menschen zu sagen, wer Gott wirklich ist: immer schon, im voraus zu allem, was irgend geschehen mag, hat Gott dem Menschen, jedem einzelnen von uns, vergeben! Gott "kann" nicht vergeben, er ist die Vergebung!
Eugen Drewermann

ATEM-ÜBUNG 3

Als letzte Übung möchte ich Ihnen die *Leminiskaten-Atmung* vorstellen, die in ihrer Einfachheit viele hoch effiziente Aspekte der Gefühls- und Gedankenkontrolle beinhaltet. Die Lemniskate steht für die unendliche Wiederholung und ist ein Grund-Takt des bewussten Lebens. Alles wiederholt sich in unserem Leben in zyklischen Abständen. Das einzige was sich verändert, sind die Rahmenbedingungen, also das über die Jahre veränderte Lebensumfeld und die Personen, wobei auch diese immer bestimmte Analogien zum Initialereignis aufweisen.
Das Rad des Schicksals dreht sich so lange, bis alle Inhalte die darin enthalten sind durch den selbstbestimmten Willen des Wesens erlöst sind, was nur durch Verstehen und Vergebung geschehen kann.
Erst dann erfolgt der Sprung auf eine nächst höhere Skale der Spirale des Lebens. Grundlegend geht es dabei immer darum, aus einer erlebten, selbstbestimmten Erfahrung,

sein Herz zu öffnen, damit dies in einen erhöhten Fluss von Liebesenergie eintauchen kann, wo neue Erfahrungen und dadurch ausgelöste Transformationen warten. Wenn Liebe die universelle und alles durchdringende Energie der Schöpfung ist, dann bedeutet Evolution nichts anderes, als das selbstbestimmte Maß an Liebesenergie immer mehr zu erhöhen, um diesen Seinszustand aus seinem Sosein expandieren zu lassen, - zuerst bei Vater und Mutter, dann zu Freunden und einer geliebten Person und am Ende zu allem, was die Schöpfung in einem Akt der Liebe hervorgebracht hat. Erst über den Seinszustand der Liebe kann man sich mit allem verbinden und wird ein bewusster Teil des Ganzen.

Mit der Lemniskaten-Atmung erlernt man die Grundgesetze des Universums für sich zu nutzen. Natürlich ist die Übung im Grundsatz einfach und das einzige was Sie benötigen, ist eine selbstbestimmte Willensanstrengung!

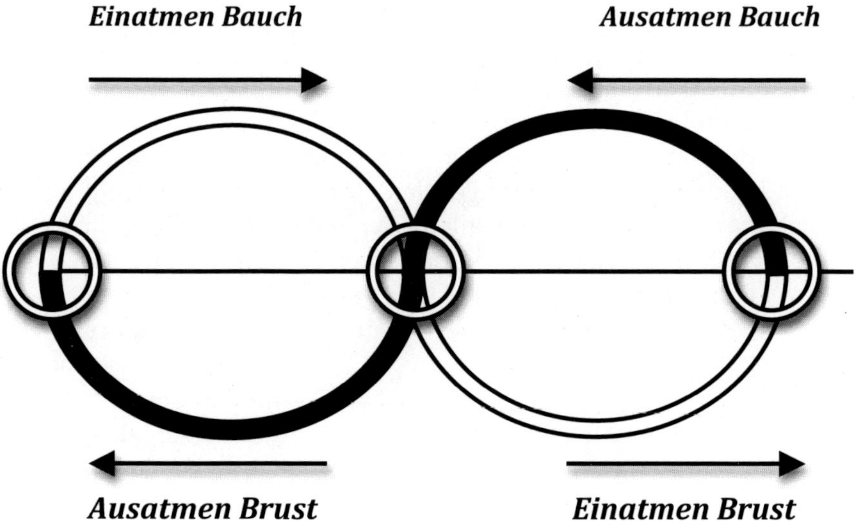

Nun zur Übung. Stellen Sie sich für diese Übung bitte hin und schließen Sie die Augen. Stellen Sie sich die Leminiskate vor, - erzeugen Sie ein Bild in sich. Nun beginnen Sie langsam in den Bauch einzuatmen. Während Sie einatmen folgen Sie mental dem linken, weißen oberen Kreisbogen der Lemniskate bis hin zum Schnittpunkt der Trennlinie. Halten Sie den Atem kurz im Schnittpunkt an *(weißer Kreis in der Mitte)* und atmen Sie dann in die Brust, wobei Sie beim Einatmen nun dem unteren Verlauf des weißen Kreisbogens bis zum Schnittpunkt am Ende der Achse folgen. Halten Sie den Atem kurz an und beginnen Sie dann mit dem Ausatmen aus dem Bauch, wobei sie hier dem linksdrehenden schwarzen Kreisbogen bis zum mittleren Schnittpunkt auf der Achse folgen. Auch hier halten Sie den Atem kurz an, bevor Sie nun den unteren linksdrehenden Kreisbogen bis zum Ende der Achse mental folgen. Auch in diesem Schnittpunkt halten Sie kurz an, bevor Sie wieder dem Zyklus rechtsdrehend in den Bauch einzuatmen beginnen. Wiederholen Sie die Übung solange, bis sich der Rhythmus, verbunden mit den Bildern, ganz von alleine einstellt. Atmen soll kein Gebilde des Zwangs sein, sondern ein harmonisches Fliessen von Energie. Oft hilft es, wenn man den Oberkörper mit der Bewegung der Atmung auf der Lemniskate mitschwingen lässt und fast immer stellt sich dieser Effekt ganz von alleine ein, - die Atmung bewegt den ganzen Körper im Rhythmus der Lebensenergie, die ihn beim Atmen durchdringt, - das ganze Wesen geht über in seine natürliche Lebensbewegung, was der primäre Zweck dieser Übung ist.

Doch damit nicht genug. In dieser Übung stecken auch quantenphysikalische Aspekte. Die *„Nullpunkte“*, die gleichsam Übergangspunkte sind, haben eine tiefere Bedeutung. Die Achse ist eine Zeitachse, auf der sich verdichtete Materie bewegt. Der erste Schnittpunkt auf der Achse ist die

Vergangenheit, die wir beim Einatmen in den Buch aufnehmen und beim Ausatmen aus der Brust entlassen.
Der mittlere Schnittpunkt ist die Gegenwart.
In Ihr finden wir alles, was wir aus der Vergangenheit mitgenommen haben, - das was wir bereits verarbeitet haben, doch viel häufiger das, was wir noch nicht verarbeitet haben und unser Denken beherrscht. Der dritte Punkt am Ende der Achse ist die Zukunft, die wir aus der Gegenwart beim Einatmen in die Brust mit Leben beseelen und am Wendepunkt, die negativen Zukunftserwartungen durch das Ausatmen gehen lassen können.

Indem man diese Übung mehrmals am Tag für einige Minuten durchführt bringt man einen Ausgleich in die Zerrissenheit des Wesens, ohne sich dabei Gedanken machen zu müssen, was man jetzt eigentlich behandelt.
Es behandelt sich selbst durch die bewusste und selbstbestimmte Anpassung an den Atem-, bzw. Lebensrhythmus, der sich immer der Gegenwart anpasst.
Allerdings geschieht dies nur dann, wenn man den Atemrhythmus bewusst aus sich wahrnimmt.
Nur im Moment der bewussten Konzentration sind die Gedanken und Gefühle im JETZT, wodurch sich der Parasympathikus *(Kognition/Emotion)* und der Sympathikus *(Rationalität/Gedanke)*, ebenso wie die linke und rechte Hirnhälfte ausbalancieren. Dies wiederum führt zu wohltuender Gedankenruhe sowie zur emotionalen Harmonie und letztendlich zu dem Bewusstsein, dass der Moment nichts mit dem zu tun hat, was man schon hinter sich hat!
Wenn man sich auf das Atmen und die Bewegung konzentriert, dann bleibt keine Zeit mehr für das Unbewusste, in leidvollen Emotionen und angsterfüllten Gedanken einer ebenso leidvollen Vergangenheit oder Zukunft herumzuwühlen, um das Wesen der Willkür seiner subjektiv negativ empfundenen Realität zu unterwerfen.

Natürlich kann man beim *CYCLING* Gedanken abschalten und negative Gefühle transformieren, - wenn man es beherrscht! – Doch die meisten müssen erst einmal dorthin kommen, was sehr viel leichter möglich wird, wenn man sich selbstbestimmt in einen Zustand der geistig-mentalen Harmonie bringen kann.

Mit den beschriebenen Übungen kann man eine Vielzahl von Alltagsproblemen einfach bewältigen, ohne dass man ein Tei dieser Probleme werden muss, was immer dann passiert, wenn man seine Probleme verstehen will, bevor man sie behebt. Disharmonie entsteht immer dann, wenn unbewusste Mechanismen die Macht im JETZT übernehmen. Das Unbewusste, rational oder emotional verstehen zu wollen, ist nicht zielführend. Nur mit bewussten Mechanismen kann man sich ins JETZT beordern.
Das einzige was man dabei tun muss ist, willentlich loszulassen von den Gedanken und Gefühlen, die das Unbewusste dadurch erweckt, dass es im Gehirn synaptische Verbindungen aktiviert, die an eine in der Vergangenheit negative Erfahrung erinnern und die dabei entstandenen emotionalen Muster wach rufen. All dies hat jedoch nichts mit dem JETZT zu tun und so bleibt einem nur die Möglichkeit, die Energie der synaptischen Verbindungen zu blockieren. Ganz automatisch legen sich dann auch die emotionalen Muster wieder zur Ruhe. Je öfter man diese Verbindungen selbstbestimmt unterbricht, desto mehr beginnen sie sich aufzulösen, weil sie bald gar keine Energie mehr bekommen, um sich zu aktivieren.
Wer aber ewig krampfhaft darüber nachdenkt, was ihm Probleme macht, der führt dieser Verbindung Energie zu und sorgt damit dafür, dass sich diese Gedanken- und Emotionalmuster nicht nur im Kern seines Wesens etablieren können, - sie können dadurch auch expandieren und werden immer mehr zum Teil des Wesens.

Das Hirn ist ein guter Diener aber ein schlechter Herrscher!

Damit sind wir am Ende meiner Ausführungen zur Wunschliste angelangt, die von besonderer Wichtigkeit ist. Aus diesem Grund bin ich etwas intensiver auf die verschiedenen Verhinderungsmechanismen eingegangen und habe versucht, Ihnen leichte Übungen mit einer maximalen Effizienz zu vermitteln. Dabei geht es natürlich nicht nur um *CYCLING*, sondern vielmehr darum, die besten individuellen Möglichkeiten herzustellen, die ein erfolgreiches *CYCELN* möglich machen. Wer *CYCELT* heilt sich und die Welt! – Dazu muss man aber auch bereit sein, ein bewusstes Maß an Selbstbestimmung in sich zu erzeugen.
Heilung ist immer ein Akt der Liebe aus der Erkenntnis heraus, dass jeder nur ein Teil des Ganzen ist und das Ganze nur so Heil sein kann, wie seine einzelnen Bestandteile Ganz und Heil sind.
Der Seinszustand der Liebe kann nur dann entstehen, wenn der Einzelne liebevolle Gedanken und Gefühle ausströmt, was er jedoch nur dann tun kann, wenn er nicht mehr das unbewusste Opfer seiner leidvollen Erfahrungen ist.

Allgemein gesagt, ist Bewusstsein der Modus, der die Eigenschaften von Dingen und Vorgängen gezielt zur Wahrnehmung bringt und ordnet, und zwar nach dem Prinzip Gleiches erkennt Gleiches.
Ulrich Warnke

Wunschlisten-Arbeit

Die Wunschliste erstellen ist die eine Sache, mit ihr zu arbeiten die andere. Mit den aufgeführten Übungen kann man sich seinen Herzenswünschen nähern und diese zu Papier bringen, wie es weiter oben schon dargestellt worden ist. Mindestens 20 Wünsche sollten auf der Liste enthalten sein; - auf keinen Fall weniger, damit der Fokus sich nicht auf einen Wunsch einrasten kann.

Dies entstammt der Erfahrung von Prof. Bengston und macht durchaus Sinn. Es geht bei der Wunschliste nicht darum, Sehnsüchten auf rationaler Ebene zu frönen,
sondern vielmehr darum, die maximal mögliche positive Energie aus Herz und Hirn zu formulieren, wobei jeder Wunsch als Herzenswunsch gleichgestellt ist. Wenn Sie also Ihre Liste erstellt haben, so geht es nun darum, sie auswendig zu können, von 1 bis 20 und zurück von 20 bis 1. Da dies ein Praxisbuch ist, möchte ich dieses Unterfangen nicht einfach so stehen lassen, da ich aus Erfahrung weiß, dass es für viele Menschen ein Problem ist, etwas auswendig zu lernen und dennoch kognitive Bilder dabei zu haben. Hier findet eine Feinabstimmung des rechten und linken Hirns statt. Bevor ich nun viel drum herum schreibe helfe ich Ihnen lieber, zu einer praktischen Erfahrung zu kommen, damit Sie verstehen was ich meine.

Hierzu wieder eine ganz einfache Übung:

Setzen Sie sich entspannt hin, schließen Sie die Augen und zählen Sie nun von 1 bis 20. – Ok, das war einfach, oder?
Nun erweitern wir die Übung, indem Sie nun nicht nur zählen, sondern versuchen, bei jeder Zählung die Zahl mit Ihrem inneren Auge zu sehen. Zählen Sie also 1 an, dann sollten Sie auch die 1 deutlich visualisieren können, was

natürlich für die ganze Zahlenreihe gilt. Und, - konnten Sie zu jeder rational gezählten Zahl auch eine *„innere Zahl"* sehen? – Haben Sie bemerkt, dass Sie langsamer beim Zählen geworden sind oder den Faden verloren haben?
Wenn dies der Fall war, dann wiederholen Sie Übung solange, bis Sie ohne Probleme von 1 bis 20 zählen und sehen können.

Wenn Sie die Zählung nun beherrschen, dann zählen Sie mit geschlossenen Augen etwas schneller, variieren Sie die Geschwindigkeit des Zählens und achten Sie darauf, dass das Anzählen synchron mit dem inneren Aufflackern der Zahl einhergeht. Diese Übung gilt als erfolgreich absolviert, wenn beim Anzählen automatisch die Zahl auftaucht.
Beachten Sie dabei, dass die inneren Zahlen nur dann auftauchen, wenn Sie nicht zwanghaft wollen, dass sie auftaucht. Es geht bei der Übung darum, dass Sie lernen, das Gehirn so zu synchronisieren, dass die inneren Bilder, nachdem man sie bewusst einmal dem Zählen zugeordnet hat, ganz von alleine auftauchen. Wenn Sie zwanghaft wollen, dann dauert es länger, bis die innere Zahl kommt.
Probieren Sie es aus, wenn Sie mir nicht glauben und zählen Sie 1 an, wobei sie mit rationalem Zwang versuchen ein Bild zu sehen. Wenn Sie aber in dem Vertrauen zählen und wissen, dass die innere Zahl sofort kommt, wenn sie rational anzählen, dann geht das immer schneller.
Probieren Sie es aus und wählen Sie aus der Zahlenreihe willkürliche Zahlen; probieren Sie auch einfach mal längere Zahlen aus, 2-, 3-, 4-, 5- und 6-stellige Zahlen; - können Sie sie sehen? – Wenn ja, dann haben Sie die Übung erfolgreich abgeschlossen, womit Sie bereits eine wichtige Voraussetzung für das *CYCLING* erworben haben.

Ich halte es für sinnvoll, zuerst mit sehr einfachen Mitteln einen cerebralen Mechanismus zu fördern. Wenn er im Einfachen zu einer erlebten Erfahrung wird, dann ist es auch kein Problem, diesen Mechanismus etwas komplexer zu gestalten. Mit anderen Worten, ist der Mechanismus mit einer einfachen Zahl derselbe, wie mit einem an einen rationalen Impuls gekoppeltes Bild und wenn Sie es mit einer Zahl geschafft haben, dann wissen Sie, dass sie es auch mit einem emotionalen Bild können!

Nehmen Sie sich deshalb für diese Übung bitte reichlich Zeit und überfliegen Sie dieses Kapitel nicht, weil es Ihnen zu trivial vorkommt. Diese Übung ist gleichsam ein *„Bodybuilding“* für die *Muckies* des *präfrontalen Kortex*, welcher der Koordinator von Links- und Rechtshirn ist.
Je stärker der *„Muskel“* trainiert ist, desto leichter tun Sie sich mit diesem einzigartigen *2-Phasen-System*.
Schwieriger wird es von ganz alleine, wie Sie noch sehen werden. Sind Sie noch gerade und lächeln?- Bitte, ja!

Mit der nächsten Übung möchte ich meine Prognose unterstreichen. Setzen wir einen oben drauf! – Nun lassen Sie die Zahlenreihe mit geschlossenen Augen ablaufen, *ohne* dass Sie rational anzählen. Sie sprechen also nicht mehr mental 1 aus, sondern lassen das Hirn schweigen und sehen die 1 nur noch! – Was das geht nicht meinen Sie? – Klar geht das. Es ist nur etwas schwer sich von der rationalen Vorgabe abzukoppeln. Der einzig rationale Impuls der bei dieser Übung gegeben wird, ist einmal vor dem Zählen, wenn Sie einmal den Zahlenbereich definieren.
Vor dem Zählen denken Sie also einfach: *Von 1 bis 20* und lassen dann die Zahlen erscheinen. Wenn Sie die Zahlen sehen, versuchen Sie nicht zu interpretieren, welche Zahl Sie da sehen. Beobachten Sie sich, wie Ihre Ratio zwanghaft interpretieren will, was Sie da gerade sehen. – Hören Sie sofort auf damit, wenn Sie sich dabei ertappen. Die Zahlen kommen auch ohne die rationale Interpretation, da sie bereits verstanden haben, was Sie sehen!

Üben Sie das solange, bis Sie die komplette Zahlenreihe vor dem inneren Auge abläuft, ohne dass das *kleine Hirn* anzählt und beobachten Sie den Atem.

Wenn Sie diese Stufe der Mentalarbeit erfolgreich gemeistert haben, dann gehen wir nun dazu über, die Wunschliste auswendig zu lernen. Dabei gehen Sie genauso vor, wie beim Zählen, nur dass sie nun keine Zahlen mehr sehen. In dieser Phase des *CYCLINGS* ist es erlaubt, den Bildern Emotionen anzuhängen. Versuchen Sie nicht, den Beschreibungstext auswendig zu lernen, sondern den Stichpunkt, den Sie zu jeder Beschreibung manifestiert haben. Ein Wort, das den gesamten Inhalt wiedergibt, so wie ein Bild die gesamte Gefühls- und Gedankenwelt eines Malers darstellt. Stellen Sie sich vor, dass das eine Wort Ihre Handtasche ist, in die Sie viele Dinge *(Worte)* hineinlegen. Wenn Sie die Handtasche öffnen, dann haben Sie Zugriff auf das gesamte Gefüge. Die Beschreibung ist deswegen wichtig, weil das Satzgefüge aus Ihrer Emotion kommt. Zumindest sollte das Satzgefüge dazu dienen, der verbale Ausdruck Ihres Herzens zu sein, weswegen man sich schon etwas Zeit nehmen sollte, um eine treffende und kurze Formulierung dazu zu finden.

Je besser Sie sich ausdrücken, desto stärker entfesseln Sie Ihr Gefühl und desto leichter wird es Ihnen fallen, dem Stichwort ein adäquates Gefühl anzuhängen. Wenn Sie also Probleme haben, bei Ihrem Stichwort ein intensives Gefühl aus sich zu kreieren, dann haben Sie entweder zu oberflächlich beschrieben oder das Stichwort hemmt den Fluss der Gefühle. Das werden Sie leicht feststellen, wenn Sie beginnen, Ihre Liste auswendig zu lernen. Überall dort, wo Sie wiederholt stecken bleiben, gibt es Handlungs-, bzw. Veränderungsbedarf. Jonglieren Sie dabei ruhig, wenn Sie die Hemmung nicht genau zuordnen können und verändern Sie den Satz oder das Stichwort.

Hier noch ein paar kleine Tips, die Sie unbedingt beim Wünschen beachten sollten:

1) Keine Nagation, - das habe ich schon angesprochen.

2) Verleugnen Sie sich nicht! – Wenn Sie z.B. schreiben, „ich will reich, gesund oder schön sein“, dann haben Sie sich schon damit abgefunden, dass Sie genau das nicht sind! – Seien Sie nicht oberflächlich und schreiben anstatt dessen, was sie sich kaufen können wollen, was Sie ohne Krankheit tun würden und welche Falte Sie gerne geglättet haben wollen, damit Sie sich schön finden!

3) Bleiben Sie nur bei sich und lassen Sie vorerst andere Personen aus Ihrer Wunschliste außen vor!

Wenn Sie die Wunschliste richtig machen, dann fragen Sie sich immer: Was bedeutet für mich Reichtum, Schönheit oder Gesundheit. Die Antwort darauf kommt dann in die Liste, - niemals das Objekt dieser Frage!

Wichtig vor dem auswendig lernen ist nun die emotionale Bildspeicherung. Wenn Sie einen Wunsch formuliert haben, dann setzen Sie sich 10 – 20 Minuten hin und erzeugen zu dem Stichwort des Wunsches ein Bild und eine Emotion. Dank der vorangegangenen Übungen sollte es kein Problem mehr sein, eine emotional geladene innere Vision zu erzeugen. Dies ist der schönste Moment beim *CYCELN*, denn nun dürfen Sie Ihren Emotionen und Ihren Phantasien und Sehnsüchten freien Lauf lassen, - hemmungslos und vollkommen egoistisch. Je wohler Sie sich in Ihrer Vision fühlen, desto besser ist sie! Wenn Sie das Gefühl haben, dass die Vision perfekt ist, dann kosten Sie sie aus und kommen dann wieder zurück in die Realität. Während des *visionierens* wiederholen Sie immer dann das Stichwort, wenn Sie merken, dass Sie die

Aufmerksamkeit verlieren, - genau wie bei den Zahlen. Das Stichwort ist in diesem Fall die Zahl, oder die Handtasche, in die Sie nun alles reinpacken, was gerade da ist.
Das machen Sie nun insgesamt mindestens 20 x, - gerne auch öfter, keinesfalls jedoch weniger!

Zu Beginn lernen Sie die Liste, wie die meisten Menschen im Sitzen auswendig. Wenn die Liste dann einigermaßen sitzt, sollten Sie jedoch aufhören, nur auf diese monotone Art zu lernen. Im Sitzen z.B. sind nur ganz bestimmte Regionen des Hirns aktiv. Mit diesen aktivierten Regionen lernen Sie. Das Hirn tut sich dann in der Regel sehr schwer, den Lerninhalt abzurufen, wenn nun andere Bereiche aktiviert sind. Lernen Sie deshalb nicht nur im Sitzen!
Gehen Sie spazieren und lernen Sie die Liste während des Gehens oder während des Massierens oder einer sportlichen Aktivität. Rufen Sie die Liste bei allen Gelegenheiten ab, wodurch Sie immer leichter die Inhalte ablaufen lassen können. Wie bei unserem Zahlenbeispiel, sollten Sie die Liste nicht nur stur von 1 bis 20 ablaufen lassen. Lassen Sie sie auch von 20 bis 1 laufen und versuchen Sie, die Liste in einem Kreis laufen zu lassen, wo der Anfang sofort ins Nächste ohne Unterbrechung übergeht.

Wir bleiben bei der Zahlenübung und gehen nun dazu über, sofern die Wunschliste ohne Unterbrechungen laufen kann, dass wir aufhören, den rationalen Bezug zur Steuerung zu verwenden. Wenn Sie die Liste 100x oder öfter durchlaufen haben lassen, dann brauchen Sie nicht mehr jedes Mal das Stichwort metal zu denken, damit das Bild mit der Emotion kommt. Während des auswendiglernens hat sich das Gehirn daran gewöhnt, dass es bei Nennung des Stichwortes die Verbindung zum Bild herstellt. In Wirklichkeit braucht es diesen *„Weckimpuls“* aber nicht mehr; - Sie haben sich nur bewusst daran gewöhnt und so macht das Gehirn halt das, was man ihm aufträgt.

Bei etwa 100 Wiederholungen ist die Liste aber längst in die Gewohnheit übergegangen, was bedeutet, dass das Gehirn die Bezüge auch ohne andauernden Impuls herstellen kann. Es braucht lediglich zu Beginn einen initialen Impuls, damit es weiß: *„Aha, jetzt kommt die Wunschliste."* - Bitte schön hier ist sie.

Und genau das wollen wir als nächstes üben. Verzichten Sie nun nach der ersten Runde bewusst auf den Impuls des Stichwortes und versuchen Sie die Bilder und Gefühle auch bei vollkommener Denkruhe zu bekommen. Hier stellt sich eine andere Herausforderungen an den Lernenden: Dem *„kleinen Hirn"* wird es auf Dauer zu langweilig und so versucht es, die Energie der mental-kognitiven Aufmerksamkeit durch rationales Zwischengeflüster zu stören.
Lassen Sie sich deshalb nicht ablenken und bleiben Sie mit Ihrer ganzen Konzentration in den ablaufenden Bildern.
Wenn Sie die Aufmerksamkeit verlieren, dann ist es in der Regel schwer, wieder dort zu adaptieren, wo man ausgebrochen ist, - auch das ist die Ratio! – Es ist vollkommen egal, wo Sie wieder einsteigen; - wichtig ist nur, dass Sie drin bleiben. Steigen Sie also nach derlei Störungen dort ein, wo Sie einen guten Einstieg finden und lassen Sie das *kleine Hirn* in seinen chronologischen Zwängen! Genauso wie bei der Zahlenübung ist es jetzt wichtig, die Wunschliste vom rationalen Teil des Hirns abzukoppeln.

Sie erinnern sich:

Das Hirn ist ein guter Diener, jedoch ein schlechter Herr!

Es hat geholfen etwas auswendig zu lernen. Nun sitzt die Liste und die niederen Dienste der Ratio werden nicht mehr benötigt, da das Erlernen der Wunschliste einem höheren Zweck dient, bei dem das *kleine Hirn* nur störend ist. Das Training mit der Liste hört nicht damit auf, den

Lerninhalt auswendig zu können, vielmehr ist es eine Schulung für das Gehirn, die Inhalte in allen möglichen Bereichen des Lebens abzurufen. Sie werden selbst erkennen, dass das auswendige runterrasseln im Sitzen anders verläuft, als im Gehen oder beim Kochen. Es macht sogar einen Unterschied, ob Sie zu Hause sitzen, in der S-Bahn, im Auto, im Cafe oder im Kino. In jeder Situation ist Ihre Aufmerksamkeit auf eine andere Art beschäftigt und wenn Sie in diesen Situationen Ihren Fokus auf die Wunschliste richten, so wird sie immer mehr an Präsenz in allen Bereichen Ihres Lebens erhalten. Egal was Sie dann gerade machen, der Kanal zur Wunschliste ist immer offen. Hierfür muss man natürlich durch mentale Arbeit die Voraussetzung schaffen, denn ohne Übung wird das Gehirn weiterhin ein schwacher und nicht genutzter Muskel bleiben, der keine Leistung zu verbringen vermag.
Die Liste ist dafür hervorragend geeignet, eine ganz neue Form des Denkens zu entwickeln, zu der man ohne dieses simple Hilfsmittel nur sehr schwer Zugang erhalten würde. Denken Sie an die vielen Mental-Systeme, die man heute lehrt. Alles viel zu kompliziert und ohne roten Faden durch eine gänzlich unbekannte Welt. Man macht den Erfolg von der Entwicklung im Bereich der Spiritualität oder Kognition abhängig, ohne ein gangbares Konzept anzubieten! – Dies unterscheidet dieses *2-Phasensystem* grundlegend, da es ein Konzept gibt, für das man keinerlei Voraussetzungen benötigt.

JEDER kann lernen, anders zu denken. Das ist keine Frage einer höheren Bestimmung sondern einzig und allein des Willens, genau wie die gerade Haltung mit einem Lächeln!

Bevor ich nun zum *CYCELN* übergehe, möchte ich Ihnen noch eine Liste von guten Ratschlägen mit auf den Weg geben, deren Einhaltung Sie zu optimalen und vor allem schnellen Erfolgen bringen werden.

Die Einhaltung dieser Ratschläge wirken sich nicht nur positiv auf den weiteren Übungsverlauf aus. Sie sind auch dazu geeignet, eine grundlegende Änderung in Ihrem Leben hervorzurufen. Mit dieser Technik verändert sich Ihr Leben von ganz alleine, denn alleine das beherrschen der Wunschliste ermöglicht Ihnen das, was der Film *„The Secret"* oder andere Mentalsysteme versprechen:
Ein erfülltes Leben in Fülle und Harmonie! – Alle Ihre Wünsche werden, auf die für Sie vorbestimmte Art und Weise, wahr und Sie lernen, das zu Wünschen, was für Ihr Wesens wirklich wünschenswert ist und nicht aus einer Sehnsucht des Mangels oder der Erwartung anderer entspringt. Mit der Öffnung Ihres Herzens durch das auswendig lernen Ihrer Herzenswünsche, verändern Sie zuerst sich und dann die ganze Welt.

Sie werden ohne großes Zutun wieder ein bewusster individueller Teil des Ganzen und Sie werden die Erfahrung von Urgeborgenheit, Vertrauen und bedingungsloser Liebe machen. Das was leidvoll in der Vergangenheit war wird keine Bedeutung mehr für Sie und Ihren Lebensweg haben, weil Sie durch die Liste lernen, immer mehr im Augenblick zu leben; - jedes Mal, wenn Sie die Liste abrufen! Ihre Wünsche bringen dort Erfüllung, Wärme und Liebe, wo im Moment noch Seelenlöcher sind, die in der leidvollen Vergangenheit verharren. Wenn Sie in Ihrem Herzenswunsch aufgehen, dann kehren die Seelenanteile die einst entwichen sind, wieder zurück und bringen Erfüllung, Harmonie und das Urvertrauen, dass unser Weg vom Universum aus Liebe und voller Fülle erschaffen wurde. Mangel entsteht durch falsches, konditioniertes Denken, wohingegen die Fülle und Schönheit des Lebens nur aus einer selbstbestimmten Denkkultur entstehen kann.

So einfach ist das! – Und dennoch ist es so schwer, dies in einer naturwidrigen Welt, die nur Mangel, Angst und Leid hervorbringt umzusetzen.
Nehmen Sie das Thema deshalb ernst und investieren Sie für einen Zeitraum von 6 Wochen all Ihre Energie und Liebe in die Beherrschung dieses *2-Phasen-Sysems.*
Es könnte ein Quantensprung in ihrem Leben sein, wenn Sie das wollen. Hier nun meine Tips, die Sie unbedingt einhalten sollten, damit Sie sich in der Zeit Ihres Quantensprungs von allen Störfaktoren befreien können:

1) Vermeiden Sie ab sofort jede Art von fremdbestimmter Berieselung. Dazu gehören: TV, Radio, Zeitungen, Romane, Kino, Spielfilme und Internet. Meiden Sie für 6 Wochen jegliche externe Einflussnahme auf Ihren Geist, nutzen Sie das Internet oder Literatur nur dann, wenn Sie nach selbstbestimmten Antworten suchen, die Ihrer Wesensentwicklung dient.

2) Meiden Sie Oberflächlichkeit in ihrem Bekanntenkreis. Schotten Sie sich einmal eine Zeit lang für sich ab von allen Menschen und Umständen, die Ihrer selbstbestimmten Entwicklung entgegenstehen.

3) Kommen Sie zu sich selbst und lernen Sie, sich selbst zu genügen. Entdecken Sie sich in Ihrer individuellen Einzigartigkeit und Schönheit und finden Sie ihren Platz in einem Leben, das der Schöpfung dient und nicht den Vorstellungen anderer!

4) Verwöhnen Sie sich selbst mit allem, wonach sich Ihr Herz sehnt und lassen Sie sich durch nichts aufhalten.
Weder durch die moralischen Begrenzungen anderer Menschen, noch durch Ihre eigenen, - erlauben Sie sich alles, was Sie erfahren wollen. Befreien Sie Ihr inneres Kind und lassen Sie es spielen auf dem Spielplatz des Lebens.

Haben Sie keine Angst was passiert, wenn Sie die Erwartungen anderer *enttäuschen*! – Es ist Ihr Leben und das, was zu Ihnen gehört, wird immer bei Ihnen bleiben! – Das was nicht zu Ihnen gehört. können Sie auf lange Sicht nicht an sich binden. Wenn es dennoch gelingt, geht dies auf Kosten Ihrer Lebensenergie und –freude! Also: Stehen Sie hemmungslos zu sich selbst, respektieren Sie dabei aber die Grenzen *(nicht die Gebilde der Abhängigkeit)* anderer Menschen. Jeder Mensch hat das göttliche Recht so zu sein, wie er ist! – Das ist seine Bestimmung.

4) *CYCELN* Sie so oft es Ihnen möglich ist! – Im Anschluss an meine Ratschläge gehen wir auf das *CYCELN* ein.
Nehmen Sie sich in diesen 6 Wochen den Raum, so oft zu *CYCELN*, wie es nur geht. Je öfter Sie *CYCELN*, desto schneller wird *CYCLING* zu einem Normalzustand, der einfach so abläuft, ohne dass Sie dazu etwas tun müssten!

5) Überprüfen Sie Ihre Wunschliste! – Wenn etwas, was Sie auf der Wunschliste eingetragen haben eingetroffen ist, dann muss es aus der Liste genommen werden! – Gehen Sie dann in sich und spüren Sie Ihre Dankbarkeit für die Erfüllung des Wunsches und überlegen Sie sich einen neuen Wunsch nach den benannten Kriterien. Es kann auch passieren, dass sich beim Ablauf der Wunschliste kein befriedigendes Gefühl mehr einstellt und anstatt dessen Langeweile auftritt. Dies ist ein Zeitpunkt, Ihre Wunschliste noch einmal neu zu überdenken. Behalten Sie das, was für Sie noch stimmig ist und ersetzen Sie das andere. Es ist durchaus möglich, dass die Wunschliste nach einer bestimmten Zeit den Reiz verliert. Das liegt daran, dass Sie sich verändert haben; - Ihr Herz öffnet sich und das was für Sie vor kurzem noch stimmig war, passt nun nicht mehr zum neuen Stand der Herzensentwicklung. Vielleicht sind es nur kleine Änderungen, vielleicht verlangt Ihr Herz aber nach einer neuen Liste. Egal wie, gehen Sie nach Ihrem

Gefühl. Solange Sie die Wunschliste rational und emotional mit dem Gefühl einer inneren Erfüllung abgleichen, ist es in Ordnung. Sie werden sehen, dass das wiederholte Auswendiglernen der Wunschliste viel schneller gelingt und wenn Sie die Liste richtig ergänzt haben, dann stellt sich ein intensives Gefühl für Stimmigkeit und der Freude ein.

6) Ich empfehle die Gunst des Augenblicks zu nutzen und den Lehren Buddhas zu folgen der einst sagte:
Bevor Du Dich auf den Weg ins Nirwana begibst, reinige zuvor deinen Tempel.
Damit meine ich, während der ersten 2 Wochen eine Entgiftung und Entschlackung des Körpers vorzunehmen. Ich habe hierzu ein eigenes „*CYCLING*-Paket" geschnürt, das man auf meinen Seminaren oder bei *naturwissen* beziehen kann. Der Grund hierfür liegt darin, dass es sich u.a. um eine sehr alte tibetanische Zubereitung handelt, die ich frisch ansetzen muss, weswegen dieses Paket kein übliches Handelsprodukt ist. Wie Sie die Leberentgiftung am Ende der 2 Wochen machen, das können Sie dem Anhang dieses Buches entnehmen. Das gesamte *CYCLING*-Paket stelle ich Ihnen ebenfalls in der Anlage am Ende des Buches vor.

Damit ist zur Wunschliste vieles gesagt. Sie ist ein kausaler Bestandteil des von Prof. Bengston entwickelten Mental-Systems, der pluripotente Impulse in der mentalen Entwicklung des Wesens setzt. Natürlich schreibe ich nur aus meinen eigenen Erfahrung und meiner Wahrheit, was eine andere jedoch nicht ausschließt.

Alles, was unseren Geist befreit, ohne uns die Herrschaft über uns selbst zu geben, ist verderblich. ***Johann Wolfgang von Goethe***

CYCLING – JETZT GEHT ES LOS

Beginnen wir mit dem klassischen Vorgehen beim *CYCELN*. Dazu legen Sie die Wunschliste vor sich hin und beginnen, die Stichpunkte separat auf ein neues, leeres Blatt Papier zu schreiben. Hierzu gibt es mehrere Möglichkeiten.
Sie können einfach nur die einzelnen Stichworte in einer von Ihnen gewählten Ordnung schreiben. Sie können aber auch eine Schablone erstellen, z.B. Kreise, die Sie in Form einer Spirale oder eines Kreises anbringen. Ebenso können es 5-Ecke oder 6-Ecke sein, die Sie zeichnen, um darin die Stichworte zu einzutragen.

Wählen Sie eine Form und einen Verlauf, bzw. eine Anordnung, die Ihnen angenehm ist und die Ihr Auge leicht und schnell verfolgen kann. Ich habe z.B. gar keine Stichwörter mehr verwendet, sondern zu jedem Stichwort eine *„Strich-Zeichnung"* eingetragen, die mich an das Stichwort erinnert. In der Zeichnung ist der ganze Inhalt des Wunsches in komprimierter und nicht-linearer Form geprägt, was es mir umso schneller ermöglicht hat, mich vom rationalen Impuls beim runterrattern der Wunschliste zu trennen. Wenn Sie gut zeichnen können, dann nehmen Sie sich ruhig etwas Zeit für das Bild oder Symbol, das Sie stellvertretend für Ihr Stichwort eintragen.
Zwar dauert damit die Erstellung der *„CYCEL-Liste"*, wie dieses Konstrukt heißt, etwas länger, doch Sie sparen sich die Zeit dann, wenn es darum geht von jeglicher Rationalität loszulassen. Beim Zeichnen entsteht noch ein nützlicher Effekt. Sie setzen sich plastisch mit Ihrem Wunsch auseinander, was es in der Regel deutlich einfacher macht, die getakteten Impulse laufen zu lassen.

Ich empfehle, die Liste sauber und ordentlich, übersichtlich

sowie mit Hingabe zu erstellen, was ein Zeichen von Achtung und Respekt an Ihre geistig-mentale Intervention ist; - Sie nehmen sich und Ihr Tun für ernst!
Oberflächlichkeit ist immer auch ein Zeichen mangelnder Ernsthaftigkeit, worunter der Erfolg beim *CYCELN* leiden kann.

Wenn die *CYCLING*-Liste fertig ist, dann geht es zum nächsten Schritt. Hierzu brauchen Sie einen Taktgeber, wie z.B. einen tickenden Wecker oder ein Metronom. Man kann natürlich auch einen Gegenstand nehmen und damit auf einen anderen Gegenstand hämmern, oder mit den Händen auf die Beine klatschen, damit man einen Impuls-Takt erzeugt.
Der Nachteil dabei ist aber, dass man dadurch abgelenkt ist, was jedoch gleichzeitig auch ein Vorteil sein kann, weil Sie dann lernen, das Gehirn zu fokussieren. Sie können also nichts falsch machen, außer Ihr Vorgehen ist nicht stimmig für Sie. In diesem Fall sollte man zu einem stimmigen Vorgehen übergehen, auch wenn das vielleicht mit kleineren Hindernissen verbunden ist.

Nun wird im Sekundentakt gepulst und bei jedem Takt ein Bild aufgerufen. Diese Basis-Übung empfehle ich allen, die das erste Mal *CYCELN*. Die Dauer dieser Übung sollte mindestens 15 Minuten betragen, - optimal wären 30 Minuten. Machen Sie diese Übung zu Beginn *(die ersten 3 Tage)* mehrmals am Tag und gehen Sie erst dann zu selbstbestimmten Variationen über. Diese Übung setzt einen primären Impuls und aktiviert gleichzeitig Ihre Phantasie, aus der dann für Sie stimmige Varianten erarbeitet und umgesetzt werden können. Wenn Sie mit der gesamten Liste ein Problem haben sollten, dann lesen Sie das nächste Kapitel.

Jetzt mache ich einen Sprung und bitte Sie, noch nicht gleich mit dem Üben anzufangen, sondern erst dann, nachdem Sie dieses Kapitel fertig gelesen haben.
Ich behandle zwar das *CYCLING* und die Wunschliste in zwei voneinander unterschiedlichen Kapiteln, jedoch gehört das Eine zum Anderen und kann logisch so nicht separiert werden, weswegen ich zu Beginn des *CYCLING* wieder auf die Wunschliste zurückkomme. Sie ist Dreh- und Angelpunkt des ganzen Programms, da ohne sie kein *CYCLING* möglich wäre.

Klären wir zuerst einmal, was *CYCLING* überhaupt ist. Man kann das Wort an sich als *„drehen"* oder *„wirbeln"* übersetzen. Was wird aber gedreht und weshalb? –
Sie werden bestimmt folgerichtig gemutmaßt haben, dass die Wunschliste in Bewegung gebracht wird und Sie liegen richtig. Ziel des *CYCLING* ist es, die Wünsche, bzw. die emotional geladenen Bilder, immer schneller vor dem geistigen Auge kursieren zu lassen.
Man könnte dies mit dem Start eines Flugzeuges vergleichen. Bevor es startet, beginnt es aus dem Stand langsam anzufahren. Es wird immer schneller und schneller, bis es an einen Punkt seiner Geschwindigkeit kommt, wo es abhebt. Damit ist der Mechanismus vom *CYCLING* ziemlich treffend beschrieben.

Wir lassen die Gedanken erst langsam kreisen, so dass unser *kleines Hirn* die Emotionen und Bilder noch *„sehen"* kann. Dann werden wir immer schneller und schneller und kommen an einen Punkt, an dem unser gestresstes *kleines Hirn* keine Möglichkeit mehr hat, den Takt anzugeben oder logische Bezüge herzustellen.
Wir bringen die Ratio damit in totalen Stress, was sich auch an den Hirnwellen erkennen lässt, was man mittels *EEG* und *fMRT (funktionelle Magnet Resonanz Tomographie)* transparent machen kann.

Wenn man richtig *CYCELT*, dann gehen die Hirnwellen in den Gamma und Hyper-Gamma Bereich, der bei > 30 Hz liegt und einen Zustand höchster rationaler Leistung darstellt. Nur wenige Menschen sind in diesen Bereichen zu Hause, es sei denn, sie lernen gerne und beschäftigen Ihr Gehirn die ganze Zeit mit analytischen Aufgaben, oder sie sind hyperaktiv! Wichtig ist es nun, diesen Zustand nicht als ein Strohfeuer in der Luft verpuffen zu lassen! – Man muss trainieren, diesen aktiven Zustand zu halten; - erst für 5 Minuten, dann für 10 und am Ende der ersten Übungsphase dann für ca. 15 Minuten.

Wenn man einmal für 15 Minuten die Liste durch das Hirn wirbeln lässt, ohne sich dabei ablenken zu lassen, dann kommt die zweite Phase des Trainings, die Bengston als *„drillen"* bezeichnet. Man versucht jetzt, diesen Zustand nicht mehr nur zu halten, sondern fängt nun an, die Geschwindigkeit des Gedanken- und Gefühlskreisels immer mehr zu erhöhen. Mit 30 Hz Hirnleitung hebt das Flugzeug noch nicht ab, jedoch erzeugt man damit schon einen stark geordneten Gedankenwirbel, der die Inhalte komprimiert, wodurch sich aus dieser Energie beschleunigt Materie kondensieren kann! – Das bedeutet, dass Sie bereits im Vorfeld des Abhebens dort angelangt sind, wo der Film *„The Secret"* den faszinierten Zuschauer mit erfolgreichen Gedanken-Ergebnissen in der Materie konfrontiert! –

Sie arbeiten also schon während des Übens an der Erfüllung Ihrer Wünsche, die Sie in Ihrer Wunschliste definiert haben! – Und glauben Sie mir, Ihre Wünsche werden wahr, - manchmal schneller als man erwartet hätte und vor allem kommen sie oftmals auf anderen Wegen, wie sie sich erdacht hätte. Lassen Sie sich also überraschen, wie ein kleines Kind, das etwas macht, ohne zu wissen, was dabei herauskommt. Nur ein prickelndes Gefühl stellt sich ein, dass da etwas ganz tolles kommt, von dem man noch überhaupt keine Vorstellung hat.

Faszinierend, denn kennen Sie ein einziges System, wo Sie beim Üben schon positive Ergebnisse erzielen können?
Ist es nicht ein überaus positives Lebensgefühl, wenn man jederzeit weiß und spüren kann, dass man bald eine tolle Überraschung bekommt? – Was könnte eine größere Motivation sein. Ein glücklicher Nebeneffekt dabei ist es, dass sich dabei ganz automatisch die negativen Erwartungshaltungen an das Leben durch einen Mangel an Urgeborgenheit und Urvertrauen auflösen können. Alleine darin liegt schon ein immenses Geschenk, das man nicht so einfach abtun darf. Man muss sich bewusst machen, wie viele Menschen zum Psychologen oder Psychiater gehen, um in ihrer schmerzhaften Vergangenheit herumzuwühlen, damit sie diese endlich hinter sich lassen können! – Das passiert beim *CYCELN* ganz automatisch.
Übrigens sind nicht nur manisch depressive davon betroffen! – Hand aufs Herz: Wie oft machen Sie sich selbst grausame Gedanken aus Ängsten der Vergangenheit, die Ihre Erwartungen für die Zukunft verdunkeln?

Mit *CYCLING,* dem Universum sei Dank, müssen Sie sich damit nicht mehr auseinandersetzen! Vielmehr nutzen Sie diesen Gedanken- und Emotionsmüll, um Ihren *CYCLING* Motor zu füttern. Übrig bleibt dabei nur die pure Lust zu Leben. Beleuchten Sie von nun an die vielen Geschenke des Lebens und nicht die Defizite aus Ihrer erfahrenen Denk- und Emotionalkonditionierung.

Man könnte dies auch als *„geistiges Re**cycling**"* bezeichnen, was mich zu einem leidenschaftlichen Anhänger dieser Methode gemacht hat.

LANGSAM ANFANGEN UND STARK STEIGERN

Selbstverständlich können Sie nun mit der vollen Wunschliste ins *CYCLING* gehen, was ich jedem raten würde, der seine Wunschliste perfekt rauf- und runterrattern kann. Auch die Chronologie der Wunschliste kann durch ein Zufallsprinzip ersetzt werden, was bedeutet, dass Sie die Liste nicht stupide in der Reihenfolge runterrattern, wie sie Sie einstudiert haben.
Aus meiner Erfahrung heraus würde ich damit aber noch etwas warten. Es ist viel sinnvoller, dass man das Zufallsprinzip erst dann aufgreift, wenn man auf eine *CYCEL* Geschwindigkeit gekommen ist, die ein rationales wahrnehmen nicht mehr möglich macht.

In meinen Kursen fange ich aber nicht mit allen 20 Wünschen an. Das wäre über die 2 Tage nicht zu schaffen.
Auch wenn man intensiv übt, benötigt es bei sehr schnellen Naturtalenten etwa 3 Tage, bis die Liste perfekt sitzt. Dann wäre der Kurs längst vorbei und wir wären dann nicht zum *CYCELN* gekommen. Ich habe deshalb den Anspruch der Wunschliste für den Einstieg etwas nach unten korrigiert und die Zahl der Wünsche auf 7 – 12 beschränkt.
Die lassen sich locker an einem Tag einstudieren und manifestieren und vor allem wird man sich sehr schnell langweilen, so wenige Wünsche immer und immer wieder zu wiederholen. Für den initialen Lerneffekt ist dies jedoch perfekt und man tut sich wesentlich leichter bei der Findung der weiteren Wünsche, weswegen ich dieses abgespeckte Prinzip jedem empfehlen kann, der mit *CYCLING* beginnt. *CYCLING* funktioniert auch bei nur 7 Wünschen, zumindest soweit, dass man zu einem erfahr- und erspürbaren Ergebnis gelangt. In Bayern nennen wir kleine Mahlzeiten, die den Appetit anregen sollen ein *„Magentratzerl"* und so bitte ich auch die abgespeckte

Form dieses Einsteiger *CYCLING'S* zu sehen. Es ist eine Vorspeise, aber keine Hauptspeise und wie beim Essen kommt unmittelbar nach der Vorspeise der Hauptgang, nämlich die Minimum 20 Wünsche!

Das kleine *CYCLING* ist auch hilfreich dabei, die volle Liste leichter auswendig zu lernen. Hat man einmal die ersten 7 bis 12 Wünsche auswendig gelernt, - und das geht sehr schnell, dann ist es einfach, die verbleibenden 8 – 13 Wünsche daran anzubinden. Hilfreich für das initiale Auswendiglernen ist es auch, die Wünsche artspezifisch anzuordnen. Also alles was Familie betrifft folgt aufeinander, dann das Berufliche oder das Materielle, u.s.w.
Sie werden bestimmt am besten wissen, was wozu gehört.
Das macht Sinn, denn das auswendig lernen sollte leicht gehen und wenn die Wünsche logisch verknüpft sind, ist das zu Beginn deutlich einfacher. Diese logische Verknüpfung ist auf lange Sicht aber nicht gut für das perfekte *CYCLING*, im Gegenteil, und so dient dies nur zum schnellen einstudieren, was ich hier ausdrücklich betonen möchte!
Überfordern Sie sich also am Anfang des Auswendiglernens nicht und arbeiten Sie sich durch kleine Erfolgserlebnisse an Ihr finales Ziel. Lernen Sie die 7 – 12 Wünsche perfekt auswendig. Das machen Sie in dem Sie z.B. einen Wecker oder ein Metronom vor sich aufstellen und bei jedem Taktschlag *(Sekunde)* einen Stichpunkt mit dem entsprechenden Bild und Gefühl in sich aufsteigen lassen.

Wenn Ihnen der Sekundentakt zu schnell ist, dann können sie bei einem Metronom die Geschwindigkeit leicht auch zu Beginn auf 2 oder 3 Sekunden pro Takt einstellen. Lassen Sie es einfach angehen, damit Sie Ihre Motivation nicht verlieren. Wenn Sie den Ablauf eines 2 Sekundentaktes intus haben, so ist es kein Problem für Sie, sich zu steigern. Bleiben Sie nun etwa 15 – 20 Minuten eisern und wiederholen Sie Ihre Wünsche, immer und immer wieder, - mal nach vorne und mal nach hinten. Wenn der Ablauf der Wünsche sitzt, dann gehen wir in die erweiterte Form des Ablaufes und versuchen nun, die Bilder vom rationalen Impuls *(Stichwort)* abzukoppeln.

Hierzu darf ich noch einmal auf meine Übung mit den Zahlen verweisen. Sie haben beim Zählen die Zahl innerlich angesagt und mit geschlossenen Augen „leicht" die leuchtende Zahl auf schwarzem Hintergrund erkennen können. Zumindest haben Sie sich das eingebildet, denn in Wirklichkeit ist der Zahlenvision der Hintergrund Pipsegal und sie benötigt auch nicht Ihren rationalen Zählimpuls.
Die Ratio besteht aber darauf, weil sie es nicht zulassen will, dass der kognitive Teil Ihres Gehirns sich verselbstständigt. Wir befinden uns nun mitten in einem *„Krieg der Hirnhälften"*, weswegen ich vorerst weniger Wünsche empfehle, damit man hierzu eine stärkere Bewusstheit aufbauen kann. Beginnt man am Anfang mit zuviel Wünschen, dann ist die Aufmerksamkeit mehr auf die Einhaltung der Wunschliste fixiert, als auf die Prozesse der cerebralen Veränderung.

Machen Sie also bei der Drillübung zwei Sachen ganz bewusst:

1) Unterbinden Sie das rationale Ansagen Ihres Wunsches und lassen Sie einfach die Bilder sprechen und

2) lassen Sie die Augen offen und versuchen Sie die Bilder und Emotionen dennoch aus ihrem Inneren zu erkennen!

Vielleicht verstehen Sie jetzt, warum die Übung an sich schon schwer genug ist, auch ohne sich mit der Chronologie der 20 Wünsche zu belasten. Es ist viel wichtiger, dass Sie lernen, mit offenen Augen zu visualisieren und ohne rationale Aufforderung, Bilder und Emotionen entstehen lassen können. Ich kann Ihnen das nicht erklären, was da passiert. Nur soviel weiß ich, dass es sich dabei um eine neue, ungewohnte Art des Denkens handelt, in welcher Sie wahrscheinlich noch ungeübt sind. Übung tut also Not, denn die Beschleunigung beim *CYCLING* hängt entscheidend davon ab, inwieweit Sie sich rational von Ihren Wünschen abkoppeln können. Loslassen heißt Vertrauen! Vertrauen Sie also, dass die auswendig gelernten Inhalte, in Ihrem Wissen integriert sind. Ich habe festgestellt, dass die meisten Menschen ein großes Problem beim Beschleunigen haben, weil sie sich nicht vom rationalen Verstehen abkoppeln können. Natürlich kommt man gestresst an das Ziel, doch ich für meinen Teil ziehe es vor, locker und entspannt die Ziellinie zu überqueren.

Ein Kind kann mit den meisten Situationen des Erwachenenlebens nicht fertig werden. Es ist überfordert. Und genau das ist der Grund, warum wir uns oft überfordert fühlen. Wir verlieren unser Bewusstsein. Wir verwechseln uns mit dem inneren Kind. Wir vergessen, dass wir erwachsen sind.

Safi Nidiaye

CYCLING-BALANCE ÜBUNG

Diesem Umstand möchte ich in meinem Buch Rechnung tragen. Natürlich gibt es Menschen, die damit kein Problem haben, weil Sie schon geübt im bewussten Denken sind und die Denkprozesse, bzw. die Pfade des kognitiven Denkens schon geprägt sind. Die meisten Menschen haben damit jedoch noch ein Problem, weswegen ich Ihnen hier eine sehr effiziente Übung vorstellen möchte, die dabei hilft, die Pfade des kognitiven Denkens zu prägen, wodurch das rationale Loslassen möglich wird.

Diese Übung wurde von *Prof. Norbekov* entwickelt und hat sich in der Praxis schon x-fach bewährt! – Ich möchte ja keine Experimente mit Ihnen machen. Ich habe die Übung nur für das *CYCLING* modifiziert, da die Grundübung einem ähnlichen Zweck diente, nämlich die linke und rechte Hirnhälfte zu synchronisieren. Diese Übung muss im Stehen praktiziert werden. Stellen Sie sich hierzu gerade hin. Beugen Sie sich nun etwas nach vorne und spreizen Sie vorerst das rechte Bein unter voller Spannung durchgestreckt nach hinten aus. Gleichzeitig heben Sie beide Arme, völlig gespannt und gerade nach oben, so, als würden Sie nach oben fliegen wollen oder einen Hechtsprung ins Wasser machen. Beugen Sie sich nicht zu weit nach vorne, damit Sie das Gleichgewicht nicht verlieren. Es geht nicht darum mit dieser Übung zum Superathleten zu werden. Wichtig ist, dass Sie auf Ihrem linken Bein einen guten Stand haben und dass die Arme

und das nach hinten weg gestreckte Bein unter Spannung sind. In dieser Haltung lassen Sie nun die Liste mindestens 5 Mal rauf und runter laufen. Versuchen Sie dabei den Fokus auf Ihre Liste nicht zu verlieren, - versuchen Sie vollkommen konzentriert zu sein und nicht umzufallen!
Wenn Sie Ihre Liste 5 Mal laufen haben lassen, dann stellen Sie sich wieder gerade hin, atmen 4 mal, wie Sie es gelernt haben ein und aus und machen dann dieselbe Übung noch einmal, jedoch bleibt dieses Mal das rechte Bein auf dem Boden, während Sie das linke nach hinten abspreizen.
Lassen Sie die Liste ebenfalls wieder 5 Mal ablaufen, - rauf und runter; - ach ja und immer lächeln!

Wiederholen Sie diese Übung gerade zu Beginn mehrmals am Tag. Sie können dann mit dieser Übung aufhören, wenn Sie die Liste flüssig ablaufen lassen können und das Gleichgewicht nicht verlieren, egal auf welchem Bein Sie gerade stehen.

Haben Sie bei dieser Übung gemerkt, dass es einen Unterschied macht, auf welchem Bein Sie gerade stehen? – Je nach dem welches Bein Sie belasten, wird auch die entsprechende Hirnhälfte dazu aktiviert. Stehen Sie z.B. sicher auf dem linken Bein, dann ist Ratio mehr aktiv, sowohl in der statischen Kontrolle, wie auch im kognitiven Prozess beim Ablauf der Liste. Ja, auch das linke, *kleine Hirn*, hat kognitive Potenziale, die dem kleinen Yin in großen Yang entsprechen. Dieser Teil fühlt sich nun nicht nur verantwortlich für das feste Standvermögen, sondern versucht auch die Dominanz beim Ablauf der Wunschliste zu übernehmen!

Das macht es dem Menschen in der Regel sehr schwer zu unterscheiden, wann er im kognitiven Rechtshirn ist und wann ihn das Linkshirn mit kognitiven Impulsen versorgt.

Diese sind zwar förderlich und sehr inspirativ im Alltagsdenken, doch für das *CYCELN* reichen die kognitiven Anteile des *kleinen Hirns* nicht aus! Wichtig für das selbstbestimmte Denken ist es, dass Sie sich bewusst werden, was da gerade in Ihrem Kopf am Arbeiten ist.
Wie fühlt es sich an und was kann es. In der Regel ist man sehr linkshirnlastig, was bedeutet, dass man nur diese Art des Denkens bewusst wahrnimmt.
Sehr oft habe ich festgestellt, dass die Menschen Probleme haben, auf dem linken Bein die Liste ablaufen zu lassen. Auf dem linken Bein kommt meist das rationale Diktat, jedoch sind die Bilder und Emotionen blockiert.
Das passiert immer dann, wenn überwiegend kognitive Inhalte die Liste bestimmen, was eine Gütegarantie für Ihre List ist. Je mehr die Liste aus der Emotion verfasst wurde, desto schwerer ist es für das *kleine Hirn*, sich daran zu erinnern. In dem Maß wie man versucht die Inhalte abzurufen, kommt man ins schwanken und verliert den sicheren Stand! – Egal wie gut Sie die Liste auf zwei Beinen stehend oder sitzend beherrschen, - auf nur einem Bein verändert sich das, was Sie auswendig zu wissen glauben.
Wenn dieser Effekt bei Ihnen auftritt, dann sollten Sie unbedingt weiterüben. Am Ende der Übung wird das *kleine Linkshirn* sich auf den sicheren Stand fokussieren können und die Liste dem rechten Hirn übergeben, weil es schlichtweg überfordert ist. Doch erst wenn das *kleine Hirn* dies *„zugibt“* wird der Kanal zum rechten Hirn geöffnet.
Wenn Sie die Liste dann flüssig rauf und runter laufen lassen können, dann ist der Pfad gelegt und aktiviert.

Beobachten Sie als nächstes was passiert, wenn Sie nun auf dem rechten Bein stehen und die Liste laufen lassen.
Normalerweise tut man sich leichter mit dem Abrufen der Liste und man steht in der Regel auch stabiler. Hier tritt jedoch meist das Problem auf, dass sich die Spannung aus Beinen und Armen auflösen will.

Stellt man den Spannungszustand wieder her, dann verliert man leicht den Faden zur Liste. Halten Sie die Spannung und zwingen Sie Ihr rechtes Hirn, friedlich mit dem linken Hirn zusammenzuarbeiten, ohne dass Sie dabei den Faden zur Liste verlieren. Auch das rationale Ansagen kommt auf dem rechten Bein ins Schwanken und so besteht die Gefahr, nicht richtig in den Ablauf der Liste zu kommen.

Aus der Hirnforschung weiß man, dass man am einfachsten lernt, wenn man sich bewegt oder sagen wir, wenn man geht. Beim gehen passiert das, was wir separiert mit dieser Übung machen, unbewusst und automatisch.
Auf diese Weise werden kleine Pfade zwischen den beiden Hirnhälften aktiviert. Da man sich bewegt, kommt auch mehr Sauerstoff in diesen Prozess, der sehr wichtig für die Hirnleistung im denkenden Zustand ist. Sauerstoff erhalten wir auch durch die Aufrechterhaltung der Spannung, da eine unter Spannung versetzte Muskulatur den Atemrhythmus anspricht. Nicht zu vergessen, soll die *Ganzkörperatmung* den Sauerstoffgehalt zusätzlich optimieren.
Denken Sie also bei den Übungen immer an die richtige Atmung!

Wir wollen aber für das *CYCLING* den unbewussten Kanal zwischen den beiden Hirnhälften bewusst ausbauen und verstärken. Das hat was mit mentaler Arbeit zu tun und erfordert ein gewisses Maß an Willensanstrengung. Sie werden schnell merken, dass 5 – 7 Wünsche für diese Übung ausreichend sind! – Wir wollen uns nicht überfordern. Das Lernen soll ein Akt von selbstbewusster und – bestimmter Leichtigkeit sein, dass genügend Energie für die Aufrechterhaltung des Willens zur Verfügung steht. – Jede Form von Zwang *(nicht Motivation!)* reduziert die Energie der Willenskraft!

Wenn Sie diese Übung beherrschen, dann schaffen Sie sich damit eine best mögliche Voraussetzungen für ein erfolgreiches *CYCLING*, das Ihnen in jeder Situation gelingen wird. Wenn Sie die Übung mit 5 – 7 Wünschen aus Ihrer Liste beherrschen, dann sollten Sie am finalen Ende diese Übung mit der kompletten Liste machen. Wenn Sie dabei die Balance nicht verlieren, dann werden manche Wünsche schneller wahr, als es Ihre kühnsten Vorstellungen dies zulassen würden.

Im bewussten Umgang mit dem Atem sieht der Taoist nicht nur eine wirksame Methode, Energien aus der äußeren Welt in sich aufzunehmen, sondern auch die energetischen Wege unserer inneren Welt zu ordnen und damit Körper, Geist und Seele in ein harmonisches Gleichgewicht zu bringen.
Dennis Lewis

CYCLING-INTEGRATIONS- ÜBUNG

Mit der vorhergehenden Übung haben wir daran gearbeitet, unser Denken zu kultivieren. Die nun folgende Übung setzt die Vorhergehende voraus, da man erst richtig Denken lernen muss, bevor man dieses in die Lebensbewegung integrieren kann. Die Lebensbewegung hat nur bedingt mit dem Gehirn zu tun.
Sie obliegt den Mechanismen einer höheren Macht, weswegen der Atemrhythmus über das autarke Nervensystem gesteuert wird. Nur zu einem Teil werden die vom Gehirn abgefeuerten Nervenimpulse in der Atmung umgesetzt.
Im indischen *Pranayama* erlernt man das bewusste Atmen, wobei es hier nicht selten auch schon zu Todesfällen gekommen ist, weil man durch das ungeschulte Bewusstsein in den transpersonal gesteuerten Atemrhythmus eingegriffen hat. Dabei kann es zu empfindlichen Störungen kommen, so dass man schlicht weg vergisst, zu atmen.

Man kann diesen Mechanismus auch beobachten, wenn man in der Meditation versucht, sein Denken zu beobachten oder abzuschalten. Wie ich ja schon geschrieben habe, hört man im Nullpunkt der Atmung *(Übergangspunkt von Ein- und Ausatmen)* auf zu denken.
Umgekehrt kann das Aufhören vom Denken auch zum Erliegen des Atmens führen, - zumindest temporär.
Dies sei jedoch nur am Rande erwähnt, um Ihnen zu zeigen, welch komplexe Zusammenhänge sich hinter so etwas einfachen wie Atmen verbergen. Das Sanskrit hat dieser Disziplin ein ganzes Yoga gewidmet, wodurch meine Aussage unterstrichen wird. Für unser *CYCLING* ist es aber nicht nötig, ein Atem-Yogi zu werden.

Ich möchte den Atem dazu nutzen, das *CYCELN* der Wunschliste rund zu machen und in die Lebensbewegung

zu integrieren. Hierzu habe ich wieder einmal ein sehr einfache Übung entwickelt. Voraussetzung für diese Übung ist es, dass Sie Ihre Wunschliste schon gut beherrschen.
Sie können die Übung im Sitzen oder im Stehen machen, so, wie es Ihnen am meisten beliebt, aber bitte nicht im Liegen. Die Übung selbst ist ganz leicht. Atmen Sie langsam bewusst ein und lassen Sie Ihre Liste beim Einatmen ablaufen. Dasselbe machen Sie auch beim Ausatmen. – Fällt Ihnen etwas auf? – Kommen Sie beim Ausatmen ins Stocken, oder kommen die Bilder und Gefühle genauso flüssig, wie beim Einatmen? – Merken Sie, dass es einen Unterschied beim Ablauf der Bilder in den beiden Atemzyklen gibt, oder laufen die Bilde bei Ihnen unabhängig vom Ein- und Ausatmen durchgängig ab? – Ok, - wenn ja, dann gratuliere ich Ihnen zu einem hervorragenden Gleichgewicht. Sie können dann gleich auf die nächste Stufe übergehen. Wenn Sie hingegen bei dem einen oder anderen Zyklus ins Stocken geraten, dann üben Sie das solange, bis die emotionalen Bilder synchron beim Ein- und Ausatmen kommen.

Im nächsten Schritt gehen wir nun dazu über die Hälfte unserer Wunschliste beim Einatmen durchlaufen zu lassen, die andere Hälfte lassen wir beim Ausatmen ablaufen.
Sind Sie immer noch in Ihrer Mitte, oder kommen Sie dabei in Stress? – Wichtig bei dieser Übung ist es, dass Sie die ganze Liste während eines einziges Atemzyklus durchlaufen lassen. Und es geht noch weiter. Wenn Sie den einen Teil immer nur beim Einatmen durchlaufen lassen und den anderen nur beim Ausatmen, dann tritt eine Gewöhnung ein und der eine Teil der Wünsche erhält den Charakter *„Aufnehmen“* während der andere den Charakter *„Abgeben“* bekommt, was wir tunlichst vermeiden wollen.
Deshalb dehnen wir die Übung auf zwei Atemzyklen aus. Beim Einatmen fangen Sie mit dem Anfang der Liste an und aktivieren den zweiten Teil beim Ausatmen. Dann atmen

Sie die Liste vom Ende rückwärts bis zur Hälfte ein, während sie beim Ausatmen die Liste von der Mitte zum Anfang ausatmen.

Erinnert Sie dieser Zyklus an etwas? – Genau, wir sind wieder in der Lemniskaten-Atmung, die wir zu Beginn schon geübt haben. Allerdings geht es hier nicht mehr um die Bauchatmung. Die setze ich jetzt voraus, weswegen ich sie nicht weiter erwähnen möchte. Die Lemniskate hat hier jedoch eine andere Funktion.

Hier wechselt sie die Wunschliste im Atemzyklus ab, um innerhalb der Liste keine Gegensätze zu erzeugen. Unser Organismus unterscheidet nämlich sehr genau, ob er Sauerstoff *(einatmen)* aufnimmt, oder Stickstoff beim Ausatmen abgibt. Würden wir nur einseitig den einen Teil der Wünsche einatmen und den anderen Teil ausatmen, dann würde unser intelligenter Organismus dies bewerten. Indem wir jeden Teil der Wünsche sowohl ein- als auch ausatmen vereinen sie sich zu einer Einheit, die beide Qualitäten hat und damit immer wertneutral bleibt.

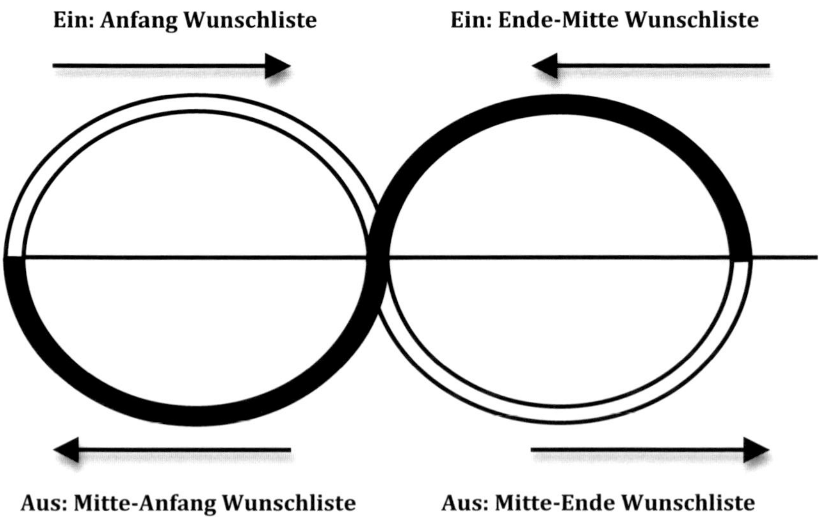

Das abgebildete Schema soll Ihnen dabei helfen, diese Bezüge beim zweimaligen Ein- und Ausatmen klarer zu verstehen.

Bei 20 Wünschen und mehr kann Ihnen schon einmal die Puste ausgehen, wenn Sie immer noch rational takten müssen. Wenn Sie die Übung des rationalen Loslassens jedoch perfekt abgeschlossen haben, dann sollten die 10 Wunschbilder je Atemzug nicht schwer fallen.

Auch diese Übung deckt gleich mehrere Bereiche des Mentaltrainings ab, die nicht unbedingt nur zur Erlernung von *CYCLING* dienlich sind. Doch sie ist aus meiner Erfahrung sehr hilfreich, um vor allem ins *HYPER-CYCLING* zu kommen. Vielleicht werden viele erst einmal Probleme haben, die Wünsche in den Atemzyklus zu integrieren, doch lassen Sie sich versichern, die Arbeit lohnt sich.
Das erstrebenswerte Ziel geht dahin, dass man die Bilder in den Atemzyklus über mehrere Minuten integrieren kann. Wenn die emotionalen Bilder einmal derart fließend in den Atemzyklus integriert sind, dann kann man von sich behaupten *CYCLING* zu können. Doch am Ende ist man deswegen noch lange nicht. Prof. Bengston sagte so schön, dass man *CYCLING* nicht auslernen könne. Das wäre so, als wenn ein Tennisspieler sagen würde, er könne nun nichts mehr lernen. Dies wäre aber nur dann der Fall, wenn er ausnahmslos jeden Satz und jedes Match gewinnt, ohne dem Gegner die Chance zu geben, auch nur einen Punkt zu machen. Sie werden mit mir übereinstimmen, dass es einen solchen Tennisspieler nicht gibt. Ebenso wenig kann man *CYCLING* nicht auslernen.

Was nun die Atmung und die Wünsche betrifft, so belasse ich meine Erklärungen an der Oberfläche, da ich Ihnen sowieso nur meine individuelle Wahrheit anbieten kann, die der Sache aber nicht dienlich ist.

Fakt jedoch ist, dass ich mich schon sehr lange mit den Mechanismen der Mentalsteuerung beschäftige, ebenso wie mit den Mechanismen des Lebens, über die ich eine aus meiner holistischen Wahrheit, eigene Weltanschauung entwickelt habe, die so individuell ist, wie ich selbst.
Ich weiß nur aus meiner erlebten Erfahrung, dass diese Mechanismen wirksam sind, da sie anscheinend einem allgemein gültigen Gesetz folgen, mit dem das Universum die Ordnung im Chaos herstellt. Ich fordere Sie jedoch auf, Ihrer eigenen Wahrheit zu folgen. Nehmen Sie sich aus meiner Wahrheit das heraus, was Sie benötigen, um Ihre eigene Wahrheit zu kultivieren. Alles dient nur einer einzigen Sache: Den Menschen aus einer erlebten Erfahrung zu helfen, damit Sie eine analoge Erfahrung machen können, die sie zum selben Ziel bringt.

Wie Sie deshalb die in den Atemrhythmus integrierte Wunschliste empfinden und umsetzen, das ist ganz alleine Ihre Sache und Ihre Wahrheit. Folgen Sie Ihrer eigenen Intuition und werden Sie sich Ihrer Gefühle bewusst und vor allem, haben Sie den Mut dazu zu stehen! – Wenn Sie dann ein erfolgreiches Erlebnis daraus erzielen, dann sind auch Sie aufgefordert, sich anderen Menschen mit Ihrer Wahrheit zu öffnen, damit sie davon auf den Weg zu ihrer selbstbestimmten Wesensentwicklung profitieren können. Bedenken Sie immer eins: *Das Ganze funktioniert nur so gut, wie seine einzelnen Bestandteile.* Was kann es also ehren- und sinnhafteres geben, als dem Ganzen dadurch zu dienen, dass man sich engagiert, den *Einzelteilen* dazu zu verhelfen, sich in allen Bereichen zu verbessern.

Mit *CYCLING* kann man mit etwas Willensanstrengung die selbstbestimmte Kontrolle über seine Schöpfungswerkzeuge, die Gedanken, erhalten, um an einer besseren, friedlicheren und liebevolleren Welt mitzuarbeiten.

Wenn Sie Ihre Übungen machen, dann verändern Sie das Quantenfeld in Ihrer gesamten Umgebung. Das ist keine Mutmaßung, sondern eine durch Prof. Bengston belegte wissenschaftliche Tatsache, die umso besser funktioniert, wenn Sie sich dessen bewusst sind. Mit Ihrem Engagement das Sie ja in erster Linie für sich selbst hegen, erschaffen Sie eine höhere Ordnung, die dem gesamten Umfeld die Chance gibt, sich neu daran ausrichten.
Seien Sie also aufmerksam und beobachten Sie, ohne etwas zwanghaft zu wollen, wic alles ganz von alleine passiert.

Aus der Zeit wollt ihr einen Strom machen, an dessen Ufern ihr sitzt und zuschaut, wie er fließt. Doch das Zeitlose in euch ist sich der Zeitlosigkeit des Lebens bewusst und weiß, dass Gestern nichts anderes ist, als die Erinnerung von Heute und Morgen der Traum von Heute.
Khalil Gibran

CYCLING-À LA BENGSTON

Natürlich möchte ich Ihnen auch nicht die konventionelle Methode des *CYCLINGS* von Prof. Bengston vorenthalten. Immerhin hat er dieses System seit 35 Jahren entwickelt und schon viele Menschen darin erfolgreich ausgebildet.
Bengston setzt vor allem auf die *Drill Methode*.
Das bedeutet, dass er einen Takt, z.B. mit einem Stock auf Holz vorgibt und die Schüler lassen die Bilder im Zyklus des Taktes ablaufen. Auch ein Taktgeber oder ein Metronom eigenen sich für dieses Training. Mit jedem Takt lässt man ein emotional geladenes Bild vor dem inneren Auge ablaufen. Auch hier lässt man sich erst einmal Zeit, indem man einen Rhythmus wählt, dem das *keine Hirn* noch folgen kann. Dann jedoch wir der Takt erhöht. Er wird immer schneller und schön langsam kommt das *kleine Hirn* in Nöte, die Bilder aus seiner Steuerung zu erzeugen.
Der Mensch gerät in Stress, denn jetzt passiert etwas, das sein *kleines Hirn* nicht mehr kontrollieren kann.
Obwohl sich jetzt das subjektive Gefühl des Versagens einstellt, passiert dennoch etwas, wenn man trotz der Überforderung ernsthaft versucht ist, dem Takt zu folgen, der immer schneller wird.

Obwohl ich auf einer seiner Übungen dabei einen sehr hohen Stresspegel wahrnahm, bemerkte ich auch, dass die anderen Teilnehmer, die wie ich längst den Faden verloren hatten, dennoch eine grandiose Wirkung damit erzielten, weil sie nicht aufgegeben haben weiterhin am Ball zu bleiben. Wohlgemerkt, das war die erste *CYCEL* Übung für uns und wir haben erst 12 Stunden zuvor angefangen unsere Wunschliste zu bearbeiten. Von einem gezielten Vorgehen kann da also keine Rede gewesen sein und dennoch, - es gab eine Wirkung, die alle Teilnehmer gespürt haben.

Es war in etwa so, als wenn man aus einer sehr tiefen Meditation zurückkäme. Man war zentriert und innerlich absolut in Ruhe und es fiel schwer, wirres Zeug zu denken. Die Gedanken waren klar und ruhig. In der folgenden Nacht hatte ich so intensive Traum-Visionen, wie ich sie zuvor noch nie hatte. Leider habe ich keine Erfahrungen anderer Teilnehmer vernommen, doch meiner Seminarpartnerin ging es ähnlich, so dass ich davon ausgehe, dass jeder auf die seine Art, eine intensive, transzendente Erfahrung gemacht hatte.

Alleine ist dies nur schwerlich möglich, warum Bengston empfiehlt, *CYCLING* in Gruppen zu trainieren. Das geht durch die Phasenkoppelung über die *7,81 Hz Spindel* die beim *CYCELN* entsteht einfacher, effizienter und schneller. Also, wenn Sie die Möglichkeit haben in einer Gruppe zu üben, dann sollten Sie dies auch tun.

Nun wieder zum Drill. Auch Bengston empfiehlt, sich durch Atemübungen vor dem Drill geistig zu fokussieren und zu beruhigen. Seine Lehrmethode sieht u.a. vor, dass man zuerst in einem Takt *(z.B. 1 Sek.)* ein Bild aufruft. Man behält den Takt bei und geht dann aber dazu über, im selben Takt nun zwei Bilder aufzurufen, dann drei, u.s.w. Dies ist eine Variante, bei der das *kleine Hirn* ebenfalls sehr schnell die Kontrolle verliert. Spätestens bei drei Bildern je Sekunde ist es überfordert und japst um Hilfe, wobei es dem Denkenden Stress bereitet.

Genau wie bei der Erhöhung der Taktrate ist man aufgefordert, loszulassen und dem rechten Hirn zu vertrauen, dass es die gespeicherten Bilder dennoch durchlaufen lässt, auch wenn sie nicht vom *kleinen Hirn* wahrgenommen werden können. So geht man vom rationalen *CYCLING* ins *subliminale CYCLING* über, das man nicht mehr rational wahrnimmt.

Dieser Übergang ist der *Take-Off*! – Sie erinnern sich noch an das Flugzeug, das Fahrt aufnehmen muss, um abzuheben? – Nun, wenn das *kleine Hirn* kapituliert, dann kapituliert auch die Schwerkraft vor der Geschwindigkeit und es wirken neue Naturgesetzte! – Das Flugzeug hebt ab und der Denker geht über in einen transpersonalen Zustand. Man könnte auch sagen, man wächst über sich selbst hinaus. Das niedere Ego bleibt zurück, weil in diesem Zustand nichts zu wollen und zu kontrollieren ist.
Man ist nun in der Führung seines transpersonalen Selbst und das weiß über unsere Herzenswünsche bestens Bescheid. Dummes Denken wird überflüssig! – Welch ein Segen.

Um dorthin zu kommen muss man jedoch jeden Tag üben. Bengston sagt, dass es etwa 4 – 6 Wochen dauern würde, bis jeder das CYCLING so beherrschen würde, wenn er während dieser Zeit, am besten jeden Tag übt und sich drillt. Die Zeitspanne von 4 – 6 Wochen richtet sich natürlich auch nach dem Arbeitseifer. Ich habe mir z.B. *CYCLING* zu meiner Tagesaufgabe gemacht und jeden Tag 6 – 8 Stunden geübt. Das hat dann dazu geführt, dass ich bereits nach 14 Tagen in den transzendenten Zustand des *HYPER-CYCLINGS* gekommen bin, womit ich ausdrücken möchte, dass es am Willen eines jeden Einzelnen liegt, wie lange er benötigt, dieses Mentalsystem zu erlernen.

Wann bin ich im CYCLING

Wann hat man es geschafft, zu *CYCELN*? – Diese Frage haben Sie sich bestimmt während der letzten Kapitel immer wieder gestellt. Wenn Sie beim Üben merken, dass Sie sich auf Ihre Wunschliste noch konzentrieren müssen, dann sind Sie schon einmal auf der Rollbahn und nehmen Fahrt auf, indem Sie immer schneller die Wunschliste runterrattern. Das jedoch ist noch nicht *CYCELN*.
CYCELN fängt dann an, wenn Sie vom rationalen Impuls losgelassen haben. Sie haben dann das Gefühl, dass Sie von Außen nach Innen kehren. Sie bleiben fokussiert, ohne jedoch mit rationaler Wahrnehmung an Ihre Wünsche zu denken. Sie merken, wie im hinteren Teil Ihres Kopfes sich etwas zu drehen beginnt. Am Anfang ist vielleicht ein leichter Schwindel zu merken, der hintere Teil des Kopfes wird heiß und fängt an zu pochen oder zu vibrieren. Auch in der Region des *Dritten Auges*, das in etwa zwischen den Augenbauen liegt, kann man häufig ein mehr oder weniger starkes Pochen spüren. Man spürt irgendwann nur noch das Kreiseln und empfindet die Zentriertheit, wobei man völlig wach ist. Man fühlt sich als ein Teil des ganzen Umfeldes, jedoch fällt es einem nicht schwer, sich im Ganzen selektiv zu erkennen, als ein in sich geschlossener Teil. Es ist nicht so einfach zu erklären, wie es sich anfühlt, zu *CYCELN*. Das was ich Ihnen jetzt beschrieben habe, sind meine eigenen subjektiven geistig-seelischen Impulse, die jedoch auch von Bengston auf ähnliche Weise beschrieben werden, die sich aber auch ganz anders darstellen können.
Achten Sie also am besten bewusst auf Ihre eigenen geistig-seelischen Impressionen während des *CYCELNS* und Sie werden durch das bewusste Feststellen eines Unterschiedes vor und während des *CYCELNS* ein eigenes Gespür dafür entwickeln. Ich kann Ihnen zwar nicht sagen, wie sich dieser Unterschied bei Ihnen anfühlen wird, aber ich kann

mit Sicherheit sagen, dass Sie einen Unterschied bemerken werden!
Wenn Sie *CYCELN*, dann können zwar Gefühle und Emotionen kommen, jedoch sollten Sie keinen Einfluss auf Ihr Gemüt haben.

Dadurch dass Sie sich Kraft Ihres Willens zentrieren, indem sie sich z.B. mit der Drehbewegung in Ihrem Kopf durch bewusstes Erspüren vereinigen, verschwindet das Gefühl sowie die dadurch ausgelöste Betroffenheit und die Rotation im Kopf wird schneller.

Sie sehen beim *CYCELN* keine aneinander gereihten Bilder mehr und spüren auch keine Emotionen zu den Bildern.
Beim richtigen *CYCELN* nehmen Sie emotionslos und dabei völlig entspannt nur noch einzelne Sequenzen wahr, die mehr einer Ahnung als einem konkreten Bild entspringen.
Sie sind sich aber sofort bewusst, um welches Wunschbild es sich handelt, aber Sie empfinden keine Emotion mehr bei diesem Bild. Verspüren Sie dennoch eine Emotion, dann *CYCELN* Sie noch nicht und sind lediglich auf der Startbahn! – Sie haben sich dann noch nicht richtig rational abgekoppelt; - bleiben Sie weiter dran und sollte es wider Erwarten nicht funktionieren wollen, gehen Sie dazu über die *Drill-Methode* von Bengston anzuwenden! – Jeder Mensch braucht eben einen anderen Impuls, um vom Boden der Rationalität abzuheben. – Bewerten Sie das bitte nicht, denn seien Sie sich bewusst, dass Sie so über viele Jahre zu denken gelernt haben. Jeder hat halt seinen eigenen Zeitrahmen, um sich einer Veränderung anzupassen. Mit Ihrem rationalen Willen, lässt sich die *CYCLING* Spirale im Kopf nicht beschleunigen! Nur indem Sie total loslassen, können Sie an *Speed* gewinnen. Lassen Sie sich von Gefühlen nicht ablenken, sondern sein Sie nur ein passiver Beobachter und versuchen Sie dabei nicht zu denken. Sie müssen nichts tun, das Gefühl geht dann von

ganz alleine in die Treibstofftanks des *CYCLINGS* und Sie werden immer schneller. Gerade zu Beginn kann das dazu führen, dass Sie sich schwindlig fühlen; - das ist ein gutes Zeichen, - genießen Sie diesen Zustand und verinnerlichen Sie sich, lassen Sie immer wieder Bilder kommen, damit Sie auch wissen, dass Sie noch *CYCELN*.

Damit Sie sich leichter tun ins *CYCLING* zu kommen, stelle ich Ihnen ein mit *Cosmo Energetic Signaturen* programmiertes Bild zur Verfügung. Vertiefen Sie einfach über mehrere Minuten Ihren Blick darin und schalten Sie zuvor den *CYCEL*-Schalter ein, in dem Sie mental formulieren: *CYCELN ein!*

Wenn Sie das Bild konzentriert betrachten, dann werden Sie merken, wie es zwischen Ihren Augenbauen zu pochen beginnt. Das Pochen kann sich über den gesamten Kopf hinziehen. Betrachten Sie das Bild nun solange, bis Sie das Gefühl haben im Inneren der Spirale zu sein. Wenn Sie einen *Tunnelblick* bekommen *(sehen ohne wahrzunehmen)* und das Gefühl der Introversion haben, dann sind Sie im Inneren der Spirale angekommen. Beim *CYCELN* lassen Sie fortan dieses Gefühl in sich entstehen, oder aber es entsteht ganz von selbst.

Sie können auch mit diesem Bild CYCELN. In dem Moment wo Sie merken, dass das Pochen beginnt, fangen Sie einfach damit an, Ihre Wunschliste laufen zu lassen. Die *CEM-Signaturen* verstärken Ihre innere Zentriertheit und fördern Ihre Konzentration. Wenn Sie für Energien sehr feinfühlig sind, können Sie einen rosaroten Energieschild um sich bemerken, sowie einen weißen Lichtstrahl, der Sie von oben nach unten durchdringt. Achten Sie beim Betrachten des Bildes auf Ihre Chakren und beobachten Sie, wie auch diese zu pulsieren beginnen. Es dürfte Ihnen auch schwer fallen, beim Betrachten des Bildes zu denken. Spüren Sie ruhig etwas spielerisch in dieses Bild hinein.
Es enthält sehr starke Energiesignaturen, die sich aber wie eine Stimmgabel verhalten: Man muss sie anschlagen, damit Sie in Schwingung kommen. Zum Anschlagen verwenden Sie bitte die Energie Ihrer Aufmerksamkeit.

Bei der Förderung der geistigen Entwicklung sollte nicht die Konzentration, sondern die Aufmerksamkeit im Mittelpunkt stehen
Krishnamurti

CYCLING IN ALLEN LEBENSLAGEN

Glauben Sie mir, Sie werden wissen, wann Sie im *CYCLING* sind, da dieser Zustand sich von allen Zuständen unterscheidet, die Sie bisher kennen, dass Sie dies auf keinen Fall übersehen können.
Der *CYCEL*-Zustand trägt eine eigene und unverwechselbare Bewusstseins-Signatur. Diese stellt sich aber für jeden Menschen anders dar, da jeder Mensch eine eigene Wahrnehmung für sein Empfinden in sich entwickelt hat.

Beim *CYCELN* laufen die Wünsche so schnell ab, dass Sie keine Gelegenheit mehr haben, das Gefühl oder das Bild zu sehen, bzw. bewusst wahrzunehmen. Die Wunschliste läuft ab wie ein Glücksrad, in dessen Felder die Wünsche und Gefühle stehen. Erst wenn das Rad wieder langsamer wird, lassen sich die Bilder darauf wieder erkennen.
So ist es auch beim *CYCLEN*. Sie werden wissen, wenn sich das *CYCLING*-Rad dreht und Sie können immer wieder einmal einen Test machen, ob Sie noch im *CYCLING* sind, indem Sie langsamer werden und beobachten, welches Bild auf dem *CYCEL*-Rad erscheint.

Bengston sagt in diesem Stadium des *CYCELNS*, dass Sie nun in einem Stadium sind, in dem ein Tennisspieler noch von der Ballkanone Bälle zugespielt bekommt, damit er lernt, mit dem Schläger umzugehen und die Bälle zu parieren. Mit Tennis spielen hat das aber noch nichts zu tun.
Nun geht es darum, über das Spiel mit anderen, seine erlernte Schlagtechnik selbstbestimmt und der Situation angemessen zu kultivieren. Wenn Sie also den Zustand des *CYCLINGS* bewusst wahrnehmen, dann haben Sie gerade einen Quantensprung gemacht und finden sich nun am Beginn eines neuen Zyklus.

Jetzt geht es darum, die erworbene Technik in den Alltag zu integrieren. Sie haben angefangen zu gehen, - jetzt müssen Sie sich bewegen, den ganzen Tag! Ansonsten macht das erlernte Gehen doch keinen Sinn, oder?

Im Falle von *CYCLING* bedeutet dies, dass wir nun aufgefordert sind, jeden Moment, wann immer sich die Gelegenheit im Alltag ergibt, zu *CYCELN*. Das kann beim Friseur sein, oder beim Einkaufen, Sport, Spazierengehen oder in der Badewanne. Der Vergleich mit dem Tennisspielen ist dabei sehr hilfreich, denn Tennis besteht nicht nur aus einer monotonen Bewegung. Im Gegenteil:
Das Tennisspielen ist andauernde, wechselnde Bewegung; - mal nach links, dann nach rechts, - mal wird der Ball hart und lang, ein anderes Mal weich gespielt und kurz gespielt. Nicht eine Bewegung im Tennisspiel ist ein 100%iges Analog zu einer bereits gemachten; - jede Bewegung ist anders. Genau das zeichnet einen guten Tennisspieler aus:
Er ist in jeder Bewegung sicher und weiß wie er den Ball über das Netz bekommt! – Genau so sollte es auch beim *CYCELN* sein. Natürlich ist es eine Herausforderung, beim Zwiebel schneiden zu *CYCELN*, aber genau da liegt der Lerneffekt. Ein Tennisspieler muss auch Laufen und dabei den Fokus auf den Ball und die Bewegung seines Gegners legen, damit er den Ball retournieren kann.
Das Laufen ist dabei das Zwiebel schneiden, ebenso wie alle anderen Situationen, in denen man *CYCELT*.
Das Ziel der Übung ist es, zu laufen, ohne sich auf das Laufen zu konzentrieren. Loslassen und seiner instinktiven Bewegung vertrauen. Nur so erschafft man neue Freiräume in einem erweiterten Denken. Man teilt seine Aufmerksamkeit indem man Dinge tut, denen man jedoch gewohnheitsgemäß die volle Aufmerksamkeit schenkt, ohne Freiräume offen zu lassen, die eine geteilte Aufmerksamkeit zulassen.

Dem zugrunde liegt das Dogma: *Du kannst Dich nur auf eine Sache konzentrieren!* – Manche vielleicht, doch das menschliche Gehirn ist durchaus multitaskingfähig.
Außerdem muss man zwischen Konzentration und Aufmerksamkeit unterscheiden! Man kann sich auf das Zwiebel schneiden konzentrieren und dennoch seine Aufmerksamkeit der Wunschliste widmen!

Auch das kann man trainieren, wodurch nun verständlich wird, dass mit dem erfolgreichen *CYCELN* die Schule des Denkens erst begonnen hat und nicht beendet ist.
In diesem Stadium des *CYCELN* kann man jedoch schon greifbare Ergebnisse in der Materie erzielen, was eine gute Motivation ist, das *CYCELN* in immer mehr Lebensbereiche einzubinden, wodurch es immer mehr zum primären Lebensinhalt wird, was das finale Ziel sein sollte.
CYCLING bedeutet eigentlich eine totale Lebensumstellung, die sich aus den Übungen schleichend und ganz von selbst vollzieht.

Die meisten Menschen werden von Ihren Gefühlen gesteuert, was soviel bedeutet, dass sie nur das an Gedankenkultur pflegen, was ihnen angenehme Gefühle schenkt.
Dies ist im Grundsatz auch richtig, solange man nicht das Opfer verletzter Gefühle ist, die einer leidvollen Vergangenheit entstammen. In der Regel besteht ein bewusster Teil der Gefühlswelt aus emotionalen Wunden, die innerlich nie aufgehört haben zu bluten. Die damit verbundene emotionale Energie bewirkt, dass man sich selbst unbewusst immer und immer wieder Situationen aus dem Denken erschafft, in denen sich die unbewältigte und unverstandene Vergangenheit wiederholt.
Auch wenn man die damit zusammenhängenden Erfahrungen längst vergessen hat, so beherrschen Sie doch jederzeit unbewusst das Leben und erzeugen einen inneren Kampf, bei dem man ausgesprochen viel Energie verliert.

Dem leidvollen Kreislauf der permanenten Selbsttäuschung, die immer zu einer Enttäuschung führen muss, weil die Vergangenheit ja nichts mit dem Jetzt zu tun hat, konnte man bisher nur dadurch auflösen, indem man noch einmal durch den Schmerz der Vergangenheit ins Verstehen kommt.

Mit *CYCLING* jedoch entsteht eine neue Möglichkeit der Aufarbeitung der leidvollen Vergangenheit. Zum Einen wird der Geist *(Denken)* und die Seele *(Emotion)* in die Gegenwart gebunden, wodurch gegenwärtige Bewusstheit entsteht, die für viele Menschen eine neue Erfahrung ist.
Sie erkennen auf einmal, dass die Gegenwart ja gar nicht so trist ist. Im Gegenteil, sie hält viele Möglichkeiten bereit, um eine freudvolle Zukunft daraus zu erschaffen.

Man muss kein Experte für seine eigenen Probleme werden sondern man benötigt lediglich einen selbstbestimmten Willen, den jeder von Natur aus in sich trägt.
Was man aber lernen muss ist, ihn auch zu benutzen, weswegen ich Ihnen eine Vielzahl hoch effizienter Übungen vorgestellt habe, die dabei helfen, ihn auch zu nutzen.
Zum anderen wollen wir beim *CYCELN* immer schneller werden und damit wir das schaffen, benötigen wir Emotionen, egal welcher Güte. Unsere Gefühle sind es, die das *CYCLING* antreiben. Gerade am Anfang kommen Sie durch Ihre mentale Arbeit oft in transzendente Zustände.
Diese helfen dabei, die Energie der Emotion zu reduzieren, was dazu führt, dass die Betroffenheit drastisch abfällt, sofern Sie nicht zwanghaft daran festhalten!
Wenn eine Emotion kommt, dann fangen Sie einfach an, bewusst zu *CYCELN*.
Das machen Sie, indem Sie bewusst Ihre Liste abladen und sich darauf konzentrieren, jeden Punkt darauf, so schnell wie möglich vor Ihrem geistigen Auge erscheinen zu lassen. Wenn Sie nun die für Sie markanten Impulse im

hinteren Teil des Kopfes spüren, dann lassen Sie die Liste kreiseln. Merken Sie die Emotion, dann hören Sie nicht auf den Kreisel laufen zu lassen, indem Sie Ihre Aufmerksamkeit der Emotion schenken. Ich *„sehe"* beim *CYCELN* z.B. immer einen Wirbel. Bin ich im *CYCLING*, dann befinde ich mich mental innerhalb des Wirbels. Das löst in mir ein starkes Gefühl der Zentriertheit aus. Kommt eine Emotion, dann erscheint kurz irgendein Bild aus der Liste, an das ich dieses Gefühl kopple und ich werde mir meiner Zentriertheit wieder bewusst und merke dabei gleichzeitig, wie der Rotor des *CYCLING* sich schneller dreht.

Ich kann Ihnen nur sagen wie ich damit umgehe, damit Sie einen Anhaltspunkt haben. Wichtig dabei ist aber, dass Sie einen eigenen Weg finden, über den Sie zu einer bewussten Wahrnehmung Ihrer Zentriertheit kommen.
Wenn Sie nämlich immer schneller *CYCELN*, dann fliegen die Bilder genauso unbewusst an Ihnen vorbei, wie die leidvollen Gedanken und Emotionen aus der Vergangenheit. Wenn Sie richtig im *CYCLING* sind, dann ist dafür aber kein Platz mehr in Ihrer mentalen Konzentration.
Kommt doch noch eine Emotion, dann ist dies ein Zeichen dafür, dass es sich um eine sehr intensive Emotion handelt, die ein entsprechendes Energiepotenzial hat.
Für das *CYCLING* ist nicht die Information der Emotion interessant, sondern nur die Energie. Indem Sie die Emotion an das auftauchende Bild hängen, laden Sie ihr *CYCLING* auf, ähnlich wie beim Boxen-Stopp bei der Formel 1.
Die Rennwägen fahren nur dann an die Box, wenn Sie neue Energie brauchen, um dann mit Vollgas wieder am Rennen teilzunehmen. Auch das wäre ein gutes Mentalbild, wenn Sie die Emotion als Sprit für Ihren Wunsch verwenden, der beim Erscheinen der Emotion stehen geblieben ist. Stellen Sie sich vor, der Wunsch erscheint in Form eines Formel 1 Flitzers, den Sie mit Ihrer Emotion betanken.

Am Anfang werden Sie bestimmt öfters einen Zwischenstopp an der Box vornehmen müssen, doch glauben Sie mir, bereits nach wenigen Tagen oder Wochen, werden die Stopps weniger und Sie werden bald ganz aufhören, Ihren Flitzer mit den leidvollen Emotionen Ihrer Vergangenheit zu betanken. Durch das *CYCLING* kommen Sie in die Leichtigkeit des wahren Seins und erkennen zunehmends die Geschenke des Lebens. Wir leben in einer dualen Wirklichkeit, was bedeutet, dass überall dort, wo Kummer und Schmerz sind, auch der Gegenpol existiert. Der öffnet sich Ihnen von ganz alleine, wenn Sie die negativen Aspekte losgelassen haben.

Durch das *CYCLING* gelangen wir durch ein selbstbestimmt erschaffenes mentales Wurmloch in das reine Sein, das man auch als die kosmische, oder vollendete Liebe bezeichnen könnte. Reine Liebe ist die Grundenergie allen Seins und sie schließt nichts aus und ist bedingungslos. Die reine Liebe umgibt uns zu jeder Zeit. Durch unser Denken jedoch erschaffen wir die einzelnen Aspekte der Liebe, die nicht immer schön sein müssen.

Das Denken erschafft Eifersucht, Berechnung und Leid, als invertierte Aspekte der Liebe, weil man die Urliebe und das Urvertrauen verloren hat. Im Schamanismus spricht man vom Entweichen von Seelenanteilen, die zu den invertierten Liebesaspekten führen. Als Resultat suchen wir das, was uns innerlich fehlt, im Äußeren. Weil das Äußere aber nur ein Spiegelbild unseres Innersten ist, wird man nie durch äußere Impulse zu innerlicher Erfüllung kommen.

Mit *CYCLING* hat man die Chance, sich nicht mehr nur mit den unbewussten Aspekten des Unglücklichseins zu deren Erlösung auseinandersetzen zu müssen.

Das erfordert ein Unmaß an geistig-mentaler Mehrarbeit, was es den meisten Betroffenen schier Unmöglich macht, sich von der Dunkelheit ins Licht zu drehen.

Das *CYCLING* Training ist im Vergleich dazu sehr einfach und erfordert einfach nur den Willen, sich nicht mehr Unglücklich fühlen zu wollen. *CYCLING* hat eine so immense Breitenwirkung auf die menschliche Psyche, dass sich mit dem einfachen Training und den wenigen Grundlagen ein hohes Maß an geistig-mentaler und emotionaler Gesundheit erwirken lässt. Man lernt sich zu nehmen, wie man ist, zu seinen Bedürfnissen zu stehen und diese selbstbestimmt und willentlich in der Materie kondensieren zu lassen. Man nimmt bewusst an der Erfahrung teil, seine Realität selbst zu erschaffen, wodurch man immer weniger zum Spielball äußerer Umstände wird!

Du wirst mit Recht alles in deiner Macht haben, wenn du König über dich selbst sein kannst.
Claudian

CYCLING TIPS

Wenn Sie regelmäßig *CYCELN*, dann verändern Sie sich.
Mit den Veränderungen, verändern sich natürlich auch Ihre Wünsche. Es ist unerlässlich, den Fokus immer auf die Wunschliste zu richten und wenn Sie merken, dass ein Wunsch nicht mehr stimmig ist für Sie, oder Sie einen Wunsch auf Ihrer Liste erreicht haben, dann streichen Sie den Wunsch und ersetzen ihn durch einen anderen.
Andererseits kann es auch sein, dass Ihre Wünsche expandieren und Ihnen beim *CYCELN* einfällt, was Sie noch wollen. Man neigt schon mal dazu, den Wunsch einfach mit einzubauen. Doch seien Sie fleißig und bescheißen Sie sich nicht selbst, indem Sie der Trägheit Raum geben.
Verfahren Sie mit allen neuen Wünschen so, wie Sie es zu Beginn gelernt haben. Finden Sie eine bewusste Formulierung und nehmen Sie sich Zeit, ein stabiles inneres Bild, gekoppelt an eine freudvolle Emotion zu binden.
Je bewusster Sie bei Ihrer Wunschliste initiale Arbeit leisten, desto größer wird der Erfolg sein und desto schneller wird er sich einstellen.

Aus meiner kurzen Erfahrung ist es so, dass gerade am Anfang der *innere Schweinehund* oftmals bellt und zu Ihnen sagt: *„So ein Blödsinn, das lernst Du nie“* oder *„Das ist doch alles Spinnerei, das funktioniert nicht.“* Hören Sie nicht auf ihn. Er stellt nur Ihren Willen auf die Probe! – Glauben Sie mir, dass es schon viele Menschen geschafft haben, die auch nicht gescheiter oder dümmer waren als Sie!

Sie haben dieses Übungsbuch gekauft, weil Sie eine Resonanzverbindung dazu haben. Das heißt gleichzeitig, dass dieses Buch samt seinen Inhalt dazu geschaffen wurde, um etwas in Ihnen aufzuwecken; - etwas wovon Sie vielleicht nur geahnt haben, dass es bei ihnen vorhanden ist, oder etwas, von dem Sie noch gar nichts gewusst haben, was aber dennoch erweckt werden will. Auch wenn Sie nicht an sich glauben wollen, - die Schöpfung tut es!

Wichtig ist nur eines: Üben Sie und erwarten Sie nichts in den ersten Tagen. Seien Sie wie ein kleines Kind, das mit seinem neuen Spielzeug spielen möchte und freudvoll abwartet, was es damit alles machen kann, während es damit spielt. CYCLING ist kein starres System und solange man die Grundgesetze einhält, können Sie experimentieren nach Herzenslaune, was Sie auch tun sollten.
Ein selbstbestimmtes Experiment, sowie die daraus entspringende Erfahrung sind mehr Wert, als alle Lehrbücher der Welt!

Der *innere Schweinehund* hat ganz gemeine Tricks auf Lager, die Ihren Willen brechen sollen! – Einer seiner gemeinsten Tricks ist es, alles andere als wichtiger zu bewerten, als die 15 – 30 Minuten Übung, die eine Minimalanforderung für das Erlernen von *CYCLING* sind.
Sein Lieblingsspruch ist: *„Jetzt räumen wir erst einmal auf und dann Üben wir."* Wenn Sie sich auf den Deal einlassen, dann werden Ihnen beim Aufräumen noch Hundert andere Dinge einfallen, die wichtiger sind, als JETZT zu üben.

So kann es sein, dass der ganze Tag vergeht und am Abend sind Sie dann zu müde, um sich geistig anzustrengen.
Dann heißt es: *„Morgen ist auch noch ein Tag."* – Nein, - wenn Ihnen in den Sinn kommt zu Üben, dann lassen Sie alles liegen und stehen und nehmen Sie sich selbstbestimmt die Zeit dazu. Ihnen läuft nichts davon, außer die Chance, *CYCLING* zu erlernen, wenn Sie der Trägheit des Geistes nachgeben. Ich rate Ihnen daher, zu Beginn des *CYCLINGS* ein Zeitfenster zu definieren, das für Sie möglich ist und das Sie auch wirklich einhalten, - egal was passiert!

Überfordern Sie sich nicht und nehmen Sie sich nicht gleich 2 oder mehr Stunden am Tag vor, wenn Sie dadurch in Konflikt mit dem Tagesablauf kommen. Derlei Konflikte liebt der *innere Schweinehund*!

Beginnen Sie vorerst mit 30 Minuten oder wählen Sie ein anderes Zeitfenster, das Ihnen in jedem Fall möglich ist.
Der innere Schweinehund hat es sehr einfach wenn Sie sich überfordern! – Hingegen tut er sich wesentlich schwerer Ihren Willen zu brechen, wenn Sie wissen, dass die Erfüllung der Mindestanforderung eine von Ihnen selbstbestimmte Pflicht ist, zu der es keine Ausreden geben kann. Sogar der faulste Mensch auf der Welt geht aufs Klo und so selbstverständlich sollte diese Mindestanforderung auch für Sie sein.

Sollten Sie schon einen stärkeren Willen haben, dann können Sie natürlich auch länger üben, doch machen Sie nicht den oftmals verhängnisvollen Fehler, sich zu überfordern. Die Übungen sollen ein Akt der Leichtigkeit sein und kein Akt des Zwanges.

Eine andere Sache ist die Beeinflussung von Außen.
Sie sollten wirklich jeden Einfluss zu Beginn der Übungen meiden. Lassen Sie die Glotze und das Radio einmal ausgeschaltet und gönnen Sie sich dafür Ihr Mentaltraining. Natürlich können Sie Musik hören, aber suchen Sie sich diese selbstbestimmt aus. Meiden Sie auch die negativen Meinungen aus ihrem Umfeld. Machen Sie sich nicht zum Sklaven der Meinung anderer und prüfen Sie für sich hierzu, was Sie wirklich wollen. Jeder hat das Recht auf seine eigene Weltanschauung und seine eigene Realität.
Nutzen Sie dieses Recht auch für sich und machen Sie selbstbestimmt das, was für Sie stimmig ist! Fragen Sie sich dabei, warum wollen Sie *CYCLING* erlernen? –

Wenn Sie jetzt sagen, um andere zu heilen, dann gibt es die gelbe Karte! – Bleiben Sie erst einmal bei sich und machen Sie sich Ganz und Heil, bevor Sie auf andere losgehen! –
Sie werden erkennen, dass der Wunsch andere zu heilen nur deswegen in Ihnen entsteht, weil Sie an anderen das zu heilen versuchen, wozu Sie nicht bereit sind, in sich Heilung zu erschaffen. – Sie meinen meine Worte sind hart? - Die Wahrheit ist immer hart für denjenigen, der sie nicht sehen kann oder will. Jede Form der Krankheit ist, wie alles im Leben, ein Akt der kosmischen Liebe, der dem Betroffenen die Möglichkeit gibt, sich zu verändern.

Glauben Sie tatsächlich, Sie können einen Menschen verändern? – Sich verändern kann jeder Mensch nur aus sich heraus und man tut ihm keinen Gefallen, wenn man ihm etwas nimmt, was für die Entwicklung seines Wesens wichtig ist. Davon abgesehen muss man den Weg der Heilung erst an sich erfahren haben, damit man einem anderen wirkliche Heilung anbieten kann.
Andernfalls kommt das heraus, was die Schulmedizin zu bieten hat: Menschen, die vollgestopft sind mit manipulierten Wissen, das Ihnen selbst nur eine statistische Lebenserwartung von 56 Jahre ermöglicht.
Trotz Ihres medizinischen Wissens sterben sie also deutlich früher als ein Nicht-Mediziner! – Um wirklich heilen zu können muss man also selbst den Weg der Heilung gegangen sein. Wer diesen Weg hinter sich hat, der kann aus einer höheren Berufung heraus heilen, wenn er das noch will und als sinnvoll erachtet.

Wenn Sie also wirklich nur lernen um andere heilen zu wollen, dann fragen Sie sich bitte, warum Sie das wollen! – Können Sie einem Menschen nicht zusehen, wie er leidet. Was wissen Sie von seinem Leid? – Sie glauben sein Leid zu verstehen, doch in Wirklichkeit leidet etwas in Ihnen mit, was man auch Mitleid nennt. Glauben Sie damit jemanden

zu helfen oder ist es nicht sinnvoller, Ihr eigenes Leid zu heilen, damit Sie beim Heilen nicht mit leiden? – Solange Sie nicht selbst Ganz und Heil sind, versuchen Sie nur das zu heilen, worunter Sie selbst leiden. Oder ist es so, dass Sie durch das Heilen Geld verdienen wollen? – Heilen durch *CYCLING* ist Heilung durch vollkommene Liebe.
Liebe ist frei von Erwartung und Gegenleistung! – Mehr muss ich dazu wohl nicht schreiben.

Mit *CYCLING* können Sie Licht, Liebe und Harmonie in Ihr Leben einziehen lassen. Nehmen Sie mit, was Ihnen in dieser selbsterschaffenen Umgebung begegnet, wozu auch Kranke gehören können. Wenn Sie heilen möchten, dann tun Sie dies bei Tieren und der Natur. Doch machen Sie sich dabei bewusst, dass Sie es für sich machen, da man sich in einer heilen Natur und in einer heilen Tierwelt wesentlich wohler fühlt.
Wenn die Natur gesund ist, dann wird auch der Mensch wieder gesund. Machen Sie sich Ganz und Heil und messen Sie sich an den Stunden des Tages, die Sie in Freude, Sorglosigkeit und Harmonie verbringen können.

Am effizientesten ist *CYCLING*, wenn man es in Gruppen praktiziert. Das hat einen ganz einfachen Grund: Wenn Sie alleine *CYCELN*, dann müssen Sie ganz alleine das Feld aufbauen. Werden Sie z.B. unterbrochen in Ihrer Konzentration, dann wird das Feld schwächer. *CYCELN* Sie jedoch in einer Gruppe, dann ist mindestens immer einer am Aufbau des Feldes aktiv, auch wenn ein anderer abgelenkt ist. Will sagen, dass die Stabilität des durch *CYCELING* initiierten Quantenfeldes konstanter und stärker ist.
Ein anderer Vorteil ist es, dass sich die Hirnwellenfrequenz aufkumuliert und dadurch stärker wird.
Vergleichen könnte man dies mit einer Stimmgabel. Stellen zwei Stimmgabeln gleicher Frequenz zueinander und schlagen Sie eine Stimmgabel an.

Die zweite wird sofort in Resonanz mit der ersten gehen und hörbar mitschwingen. Stellen Sie sich nun vor, Sie würden drei oder mehr Stimmgabeln gleicher Frequenz aufstellen. Das Anschlagen einer Stimmgabel bringt alle anderen ins Mitschwingen und Schallen, - der Ton der Stimmgabeln ist lauter und stabiler, - sie schwingen länger. Ganz nebenbei entsteht so ein Gruppenbewusstsein, was bedeutet, dass man zwar zusammen gemeinsame Ergebnisse erschafft, sich seiner Individualität *(Wunschliste)* aber immer bewusst bleibt.
Das Ergebnis ist ein Gruppenergebnis, das der einzelne nicht in dieser Intensität erreichen könnte, jedoch bleibt jeder in dieser Gruppe bei seiner eigenen Wunschliste.
Man sondert sich in seinem Anderssein nicht mehr ab,
sondern wird Eins mit den anderen Andersseins, was zu einem kollektiven Bewusstsein führt, - eine Erfahrung, die den meisten Menschen noch fremd ist. Das Feld was aus dieser Gruppenarbeit entsteht, ist um ein Vielfaches stärker und wirkt nicht selektiv. Alles was dieses Feld einschließt gelangt in den Zustand des Heil- und Ganzwerdens.

Wenn Sie andere Personen in Ihre Wunschliste mit einbeziehen, dann sollten Sie diese immer um Erlaubnis bitten!
Die Freiheit des Einzelnen hört da auf, wo die Freiheit des anderen beginnt. Es obliegt nicht unserer Wertschätzung und subjektiven Meinung zu beurteilen, was gut oder schlecht für einen anderen ist. Bitte halten Sie sich an diese Regel, denn egal, ob Sie das merken oder nicht, *CYCLING* hat immer eine Auswirkung auf die Realität. Bleiben Sie deshalb immer bei Ihrer eigenen Realität. Sie helfen einen anderen Menschen am besten dadurch, wenn Sie Ihm helfen zu lernen, wie man *CYCELT*, damit er sich selbst Heil und Ganz machen kann.
Sie erfüllen damit gleich mehrere lichtvolle Aspekte, indem Sie andere Menschen ins *CYCLING* führen.

Zum einen machen Sie sich unabhängig und ebenso denjenigen der Ihre Hilfe *(noch)* benötigt, weil er noch nicht selbst *CYCELN* kann. Wenn Sie jemanden helfen zu *CYCELN*, dann gibt es einen weiteren Menschen, der das Quantenfeld zur Expansion bringt und das wirkt sich auf Alle und Alles aus! Bleiben Sie daher bei sich und finden Sie mit *CYCLING* zu einem lichtvollen und harmonischen Leben.

Wenn Sie für Ihr Glück selbst die Verantwortung übernehmen, dann benötigen Sie niemanden mehr, um glücklich zu sein. Sie müssen dann nicht mehr Ihr Glück auf Kosten eines anderen erzwingen, sondern können jedem sein Glück in dem Maße gönnen, wie Sie es sich selbst schenken können. *CYCLING* ist der Schlüssel dazu und es liegt ausnahmslos an Ihnen und Ihren Willen, sich für das Glück zu entscheiden.

Die Zivilisation, in der wir leben, ist das Produkt des kollektiven Willens, der vielen gewinnsüchtigen Wünsche, und deshalb haben wir eine Kultur, eine Zivilisation, die ebenfalls gewinnsüchtig ist.
Krishnamurti

SCHLUSSWORT

Vielleicht haben Sie beim Üben schon bemerkt, dass *CYCLING* den Rahmen aller bisherigen Mental-Systeme sprengt. Nahezu alle Systeme versuchen, aus der Denkruhe ein Quantenfeld der Harmonie und Heilung zu errichten.
Natürlich geht auch das, doch ist es ein wesentlich längerer Weg, der in unserer schnelllebigen Zeit nur sehr schwer umzusetzen ist. Manch ein Guru benötigt Jahrzehnte bei täglich stundenlanger Meditation um dorthin zu kommen, wo man mit *CYCLING* wesentlich einfacher hingelangt.

Es geht nicht darum, was richtig oder falsch ist, - das wäre der falsche Konsens. Vielmehr geht es darum, in einer modernen Zeit, mit einer modernen Wissenschaft nach anderen Lösungen zu suchen, die ein wesensgerechtes Leben ermöglichen. Alle Mentalschulen haben eines gemeinsam: Nicht Initiierte Menschen versuchen auf einen Weg der Mental- und Geistschulung, ihren Geist so zu konditionieren, dass er in der Materie veränderte Ergebnisse zu kreieren vermag.
Menschen, die sich einer solchen Schule unterziehen, haben bemerkt, dass sie mehr sind, als das, was Sie offenkundig mit ihren Sinnen wahrnehmen können.
Sie sind Pioniere in Welten, die man nicht sehen kann, die aber dennoch die Realität in der wir leben bestimmen.

Die anderen Menschen sind die *Initiierten*, wie ich sie nenne. Sie haben von einer höheren Macht oder aber durch traumatische Erlebnisse *(Nahtod, ect.)* die Fähigkeit erhalten, Kraft Ihrer Gedanken die Materie zu steuern. Beide Gruppen nutzen bei ihren Bemühungen dieselbe Kraft,
nämlich die kosmische Liebe, die im Nirwana, im Nichts, wohnt. Dort wohnt alles was noch keine Form hat. Nur von dort ist es möglich, kausale Änderungen in der Materie zu

bewirken, was jedoch nicht heißt, dass nicht auch jeder Gedanke, bewusst oder unbewusst gedacht, zu Veränderungen in der Materie führt.
Gedanken können als primäre Bausteine der Materie angesehen werden, wohingegen die kosmische Liebe eine fertige *Form* vollendeter Materie darstellt, weswegen es ihr auch möglich ist, chaotische materielle Gedankenauswirkungen *(z.B. Krankheit)* zu heilen. So möchte jeder in das Nichts oder das Nirwana kommen, wo es keine chaotischen Gedanken mehr gibt, sondern nur noch vollendete Formen.

Dazu jedoch muss man aufhören, niedere, egogesteuerte Gedanken zu denken. Hierzu gab es bisher nur eine Möglichkeit: *Die hohe Schule der Meditation*.

Ich habe lange diese Kunst studiert und praktiziert und habe mich immer wieder gefragt, ob es wirklich die Absicht der Schöpfung sein kann, die sich ja aus dem Individuum selbst erfahren und sich dauerhaft neu erschaffen möchte, ein Leben im passiven Erleben zu verleben? – Warum haben wir dann Beine und Arme bekommen, die zu Bewegung einladen, wenn diese nicht genutzt werden sollen.
Wenn man konsequent den Weg des Nirwana einschlägt, dann muss man sich für ein Leben in der Introversion entscheiden und so frage ich mich, wozu all die Möglichkeiten in der Materie geschaffen wurden, wenn Sie nur dazu dienen, um gemieden zu werden? – Oft habe ich mich dies gefragt, wenn ich tief entspannt und in meinem Gleichgewicht nach stundenlanger Meditation wieder auf dem Boden des irdischen Lebens gelandet bin.

Und dann kam eines Tages Prof. Bengston in mein Leben und bot mir erstmals eine Alternative, die meinem Bedürfnis Mensch zu sein deutlich mehr entsprach. Er ging keine Experimente ein und glaubte an etwas, das seit vielen tausend Jahren gültig war und immer weiter im selben Trott praktiziert und gelehrt wird. Er hat mit modernster Wissenschaft herausgefunden, wie das geistige Heilen funktionierte, weil er als Wissenschaftler weiß, dass jede Wirkung eine Ursache haben muss.

Er konzentriert sich also nicht auf die Wirkung, sondern begann über mehr als drei Jahrzehnte die Ursache zu erforschen, wobei ihm ein initiierter Geistheiler zur Seite stand. Bengston wusste, auf welch revolutionären Boden er sich bewegte und er wusste auch, dass es gefährlich war, herauszufinden, dass die Erde eine Kugel ist, die um die Sonne kreist, wenn die gesamte Obrigkeit daran festhalten möchte, dass die Erde eine Scheibe ist, um die sich das Universum dreht. Aus diesem Grund hat er sich streng an die von der Wissenschaft anerkannte Methodik bei seinen Versuchsreihen gehalten, die niemand in Zweifel ziehen konnte. Einzig und allein die Ergebnisse waren daher das *Corpus delikti* einer dogmatischen Wissenschaft, die es sich nicht leisten kann, die teure Wissenschaftsmedizin mit ihren vielen Würdenträgern, gegen ein einfaches Mentaltraining, das jeder erlernen konnte, zu ersetzen. So machte man Bengston über viele Jahre das Leben zu Hölle, was ihn aber nicht beeindruckte. Konsequent ging er seinen Weg bis zum bombastischen Ende, das damit einherging, dass er ein *2-Phasensystem* aus seinen vielen Forschungsreihen, nun für jedermann frei zugänglich, publizierte, das ich ziemlich rasch in seinen Grundzügen erlernen konnte, um es in diesem Arbeitshandbuch in einer erweiterten Form vorzustellen.

Die Chance die Bengston den Menschen damit geschenkt hat liegt darin, dass man nun nicht mehr jahrelang in tiefer Meditation sein muss, um ins *Nirwana* zu gelangen! –
Mit einer einfachen Schule des Denkens gelingt es nun auf dem umgekehrten Wege besser und schneller, ins *Nirwana* zu gelangen. Durch den Geistheiler *Ben* fand Bengston

nämlich heraus, dass sein Hirn währende der Heilung keineswegs in Ruhefrequenzen verfiel, - das Gegenteil war der Fall. Das Gehirn zu stressen, bis es aufgibt und damit einen autoregulativen Prozess in Gang setzt, war bisher unbekannt und ist um ein vielfaches einfacher, als die bisherige Vorgehensweise. Alle bisherigen Mentalsysteme und Schulen basieren auf den individuellen Erfahrungen und Lehren Einzelner, die durch Ihren geistig-mentalen Weg irgendwie in den Raum der Heilung gelangt sind.
Auch hier ist Bengston einzigartig, da sein Weg kein Weg des Individuums ist, sondern ein Weg der empirischen Wissenschaft die verlangt, dass das Ergebnis daraus jeder Zeit und von jedermann, der das Procedere einhält, reproduzierbar ist! - So setzt sein System nicht mehr voraus, als dass man bereit ist, das Einmaleins des Denkens zu erlernen. Man muss nicht von Gott auserwählt sein, oder ein Nahtoderlebnis hinter sich haben, um das zu erwecken, was von Natur aus in jedem Menschen angelegt ist, bisher aber unverstanden war.

Es gibt kein Wort auf Erden für meine Dankbarkeit an diesen großen Mann, der mit seiner Arbeit den Menschen einen unermesslichen Schatz zu Füßen legt.
Ein besonderer Akt der Liebe an alle Wesen dieser Welt, denn Reichtum und Ruhm bleiben Prof. Bengston vorenthalten. Danach ist ihm auch nicht! – Das einzige was ihm wirklich am Herzen liegt ist, dass die Menschen durch seine Forschungen zu einem selbstbestimmten und wesensgerechten Leben finden, dass sie in der vom Universum gestellten Fülle aufgehen und dazu beitragen, dass das Leben ein Genuss in Frieden und Harmonie wird.
Wenn auch Sie diesem Mann Ihren Dank bekunden wollen, dann kaufen Sie sein Buch und schenken Sie seinem Lebenswerk das wertvollste, was Sie einem Menschen schenken können, nämlich Ihre Aufmerksamkeit und helfen Sie mit, sein geistiges Gut zu verbreiten.

Anlage 1 – CYCLING Paket

Es gibt viele Wege den Körper zu entgiften und zu entschlacken. Aus meiner 20 jährigen Erfahrung im Bereich der Orthomolekular-Medizin, sowie schamanischen Kräuterzubereitungen habe ich nach intensiver Eigenerfahrung ein hochwirksames Paket für einen Zeitraum von ca. 14 Tagen zusammengestellt. Am Ende der 14 Tage sollte man eine Leberentgiftung machen, um ein optimales aus dieser Intervention zu erhalten. Hier die einzelnen Komponenten des Paketes:

Entgiftung: Tibetanischer Knoblauch-Extrakt. Diese sehr aufwendige Zubereitung diente und dient den tibetanischen Mönchen, sich von allen Giften und krankmachenden Mikroorganismen frei zu machen. Die Kur besteht aus 100 ml des Extraktes, den man bis zum Ende der 100 ml in den Organismus einschleicht.
Man beginnt am ersten Tag, drei Gaben des Extraktes zu nehmen. Am Morgen 1 Tropfen, Mittags 2 Tropfen und Abends 3 Tropfen.
Die Tropfen gibt man in etwa 50 gr. Naturjogurt und vermischt sie, bevor man sie mit dem Jogurt zu sich nimmt. Am Tag 2 erhöht man die Dosis der Tropfen wieder drei mal um einen Tropfen. Also, Morgens 4 Tropfen, Mittags 5 und Abend 6 Tropfen. Dies machen Sie solange, bis Sie 25 Tropfen erreicht haben. Diese Menge nehmen Sie dann für 3 Tage 3 x am Tag ein. Danach nur noch 1 x am Tag (Abends) solange die 100 ml dafür reichen.

Die zweite Komponente ist ebenfalls aus Tibet und besteht aus dem *Shilajit-Mumijo*, das in eine Hydroxid-Ionen Lösung eingewirbelt wurde. Dieses Shilajit ist eine Kohärenz-Nahrung für die Mönche und führt zu einem deutlich verbesserten Stoffwechsel. Insbesondere der Hirnstoffwechsel wird in seiner Funktion deutlich angehoben und durch die hohe Ordnung dieses mehr als 1000 Jahre alten Bergharzes entstehen neue Ordnungsstrukturen, welche neue, kortikale synaptische Verbindungen leichter ermöglichen, was bei der intensiven Arbeit mit dem Hirn bei Prof. Bengston's *2-Phasenprogramm* eine große Hilfe sein kann. Mehr zu dieser Art von Kohärenz-Nahrung können Sie in meinem bereits benannten Buch, *Wege zur Gesundheit* nachlesen, in dem ich auch die nachfolgenden Komponenten ausführlich schreibe.

Die dritte Komponente ist *NEW-H*. Dabei handelt es sich um eine Quantennahrung, die darauf abzielt, Elektronen in den Organismus einzubringen. Die meisten Menschen sind übersäuert, was einem Elektronen-Mangel darstellt.
Infolgedessen verliert der Körper an Leistung und er kämpft um sein Überleben, in dem er Wege sucht, seine Leistung auf sub-optimale Art und Weise aus den vorhandenen Ressourcen aufrecht zu erhalten. Mit dieser Komponente führen wir den Organismus raus aus dem Überlebenskampf, hinein in die Evolution. Elektronen gehören zum kausalen Baustein des Menschseins, weswegen dieses Thema, insbesondere das Aufzeigen der Bedeutung ins Unendliche führen würde, weswegen ich auch hierzu schon viel geschrieben habe. In meinen Büchern, *Wege zur Gesundheit, Zelle gesund – Mensch gesund* oder *Gutes Wasser – aktiver Wasserstoff & Co* habe ich mich ausführlich mit diesem Thema beschäftigt und möchte den Interessierten darauf verweisen, da das Thema den Rahmen dieser Kurzerklärung sprengen würde.
In jedem Fall ist diese Form der Nahrung eine wichtige Unterstützung auf den Ebenen der Bio- und Elektrochemie des Organismus und es ist ja allgemein hin bekannt, dass in einem gesunden Körper auch ein gesunder Geist lebt.

Die vierte Komponente ist für die reine Entgiftung vorgesehen. Wenn man mit dem tibetanischen Knoblauch-Extrakt bei 25 Tropfen angelangt ist, beginnt der Organismus maximal zu entgiften. Hierzu muss man ihn unterstützen, seine intra- wie auch extrazellulären Gifte aus dem Körper zu bringen, was wir mit den niedermolekularen Ballaststoffen machen, die bei Dr. Reinwald als *PektiClean* angeboten werden. Dieses Präparat hat eine gigantische Bindungs- und Ausscheidungswirkung, so dass der Organismus optimal gereinigt werden kann.

Als letzte Komponente gibt es eine sehr spezielle Kräutermischung, die es vermag, Schlacken im Darm zu lösen. Dies ist vor allem deswegen wichtig, weil bei einer Entgiftung der Darm schnell und am besten komplett entleert werden muss. Stellen Sie sich die ganzen Gifte und Bakterien-Laichen vor, die sich dort aus dem Organismus aufkumulieren. Es wäre fatal, wenn sie dort länger liegen, als notwendig. Ein Esslöffel dieser Kräutermischung hilft dabei, sich vom Müll der Entgiftung schnell zu befreien.

Dieses Konzept kann man entweder bei Dr. Reinwald beziehen, auf meinen Seminaren oder direkt aus der *Cosmo Energetic School*. Es macht wenig Sinn, nur einzelne Komponenten des Konzeptes zu nehmen, da es synergetisch aufeinander abgestimmt ist.

Diese Kur sollte man jedes Jahr einmal machen, da man sich immer wieder aufs neue vergiftet und der Körper darauf angewiesen ist, dass man ihm hilft, sich zu entgiften. Ich habe zwar geschrieben, dass Sie während der Zeit des Erlernens von *CYCLING* sich dem öffnen sollen, was für Sie stimmig ist, doch das können Sie auch noch nach den ersten 14 Tagen, wenn Sie innerlich gereinigt sind. Außerdem kann auch eine Entgiftung ein Genuss sein, wenn man es in der Intention macht, dem Körper ein höheres Maß an Lebensenergie zu schenken. Genuss kann viele Gesichter haben, es kommt nur darauf an, aus welcher Perspektive man den Genuss sieht, bzw. sehen will.

Die Präparate erhalten Sie bei verschiedenen Anbietern, u.a. bei der Firma naturwissen GmbH & Co. KG, NatopSan Ltd. sowie bei Dr. Reinwald direkt. Adressen finden Sie im Partnerverzeichnis am Ende der Anhänge.
Wenn Sie Interesse an der von Dr. Reinwald entwickelten Diät haben, so können Sie sich direkt mit Dr. Reinwald in Verbindung setzen. Dort erhalten kostenlos Sie eine kompetente Beratung, sowie den Diätplan auf Anforderung zugeschickt.

Anhang 2
Leberentgiftung

Eine Leberreinigung kann nur dann erfolgreich vollzogen werden, wenn der Organismus, insbesondere der Darm und die Organe von Parasiten weitestgehend befreit wurden. Dies kann man mit dem „Blut-Zapper" n. Dr. Hulda Clark oder mit den ozonoiden Ölen nach Dr. rer. nat. Steidl machen.
Ich habe mich auf die Ölkomposits gestützt, da sie nach meinem Dafürhalten die höchste Reinigungswirkung erzielen. Hierzu schleicht man die ozonoiden Öle in den Darm langsam ein. Am ersten Tag nimmt man morgens und abends 3 Tropfen *Ölkomposit Zeta* auf etwa 100 ml Wasser und trinkt dies. Nur noch mit *Ölkomposit Zeta* die Zähne putzen. 3 – 7 Tropfen auf die feuchte Zahnbürste und damit etwa 3 – 5 Minuten die Zähne und das Zahnfleisch putzen. Am zweiten Tag steigert man die Menge auf 4 Tropfen. Man erhöht jeden Tag um einen Tropfen, bis man bei zwei mal 10 Tropfen angekommen ist; - beibehalten, bis die 14 Tage um sind. Nach etwa 2 Wochen Entgiftung, Säure-Basen-Regulation mit *New-H* und *Hydroxid-Ionen-Lösung* sowie Entschlackung *(Lymph-Programm)* ist die Leber soweit, um gereinigt zu werden. Bevor es an die Leber-Reinigung geht, die immer zu abnehmenden Mond *(1 Tag vor Neumond optimal)* vorzunehmen ist, werden einen Tag zuvor ALLE Mittel abgesetzt. Am nächsten Tag gilt es den temporären Zeitablauf, der sich an der Organ-Meridian-Uhr orientiert, strikt einzuhalten. Als zeitliche Toleranz gibt es nur +/- 5 Minuten.

Sie können **Epsom Salz Kapseln** verwenden oder Sie kaufen sich in der Apotheke Magensiumsulfat *(Bittersalz)* und rühren je 14 g in etwa 100 ml warmes Wasser.

Weiterhin benötigen Sie :
125 ml Olivenöl
2 frische Grapefruits *(groß)* für 125 – 190 ml Frischsaft

Man muss gesund sein, wenn man die Leber-Reinigung macht, sollte man keinen akuten Infekt haben, oder in einer laufenden Behandlung sein.

Am Tag der Leberreinigung darf vom Aufstehen weg kein Fett mehr zugeführt werden, ebenso sind Kohlehydrate und alle Milchprodukte zu meiden. Am besten Obst, Gemüse und Cerealien. Bitte viel Wasser trinken, jedoch alles meiden was die Leber belastet oder aktiviert. Am besten ist es, wenn man an diesem Tag fastet und nur hochwertiges, stilles Wasser, sowie Basen- und Magen-Darm-Tee's trinkt.

14 Uhr: Die erste Gabe von 14 Epsom-Salz Kapseln zu je 1000 mg *(14 g),* ab jetzt darf nichts mehr gegessen werden.

18 Uhr: Die zweite Gabe von 14 Kapseln Epsom-Salz. Ausgiebig auf die Toilette gehen und viel trinken. Um 21.30 - 21.50 Uhr noch einmal ausgiebig auf die Toilette gehen und bettfertig machen. Alles für den „Liver-Shake“ vorbereiten. Das Öl muss in einen Shaker gegeben werden. Dann wird der Grapefruitsaft gepresst, die groben Fruchtstückchen herausgenommen. Alles muss ganz frisch sein.

22 Uhr: Gehen Sie mit ihrem Shake ans Bett. Der Shake muss gut geschüttelt werden, so dass er durch und durch trüb ist. Punkt 22 Uhr trinken Sie den Shake und legen Sie sich sofort hin, - auf den Rücken – und bewegen

Sie sich nicht mehr. Versuchen Sie so ein- und durchzuschlafen. Jede Bewegung sollte die nächsten Stunden vermieden werden, wodurch der Ausscheidungserfolg sich vergrößert.

Am morgen Auch wenn es schwer fällt, gleich als erstes am Morgen die letzte Gabe von 14 Epsom-Kapseln einnehmen, - mit reichlich warmen Wasser trinken und ab auf die Toilette. Taschenlampe nicht vergessen, wenn Sie die Vielfalt der Steine sehen wollen.

Die Cholesterinhaltigen Kristalle, die sich um abgestorbene Leberparasiten angesammelt haben, schwimmen an der Oberfläche. Wenn man mit der Taschenlampe darauf leuchtet, sieht man die „Früchte" der Mühen.

Die Steine können noch mehrmals am Tage abgehen, - der Durchfall stellt sich in ein bis zwei Tagen vollkommen ein und der Stuhl wird wieder fest. Gönnen Sie sich und Ihrem Körper an diesem Tage Ruhe und Schonkost und fangen Sie zuerst an, ihn wieder zu remineralisieren. Durch den Durchfall sind viele Mineralien und Spurenelemente *(Elektrolyte)* abgegangen, die nun wieder nachgereicht werden müssen. Die Leber hat nun die Chance sich wieder zu regenerieren, die Gallensäfte fließen wieder und so sollte man den Prozess mit hochwertigen Nährstoffen und Lebensmitteln unterstützen. Weil die Leber-Reinigung ein immunologischer Kräfteakt war, ist man meist an den Tagen danach eher anfällig für Infekte. Zur Stärkung der Immunabwehr rate ich während dieser 2 – 3 Tage zu Colostral-Extrakt Kapseln 3 x 3 – 4 oder Liquid 3 x 30 ml. Mit ViaRubin *(veganes präbiotisches Compilat)* kann man die Magen-Darm-Flora aufbauen und man schenkt dem

Körper einen Extra-Schub Licht-Energie aus Wildkräutern. Wichtig sind die ersten Tage und 1 – 2 Wochen.

Am 2. oder 3. Tag wird man einen unwahrscheinlichen Energieschub bemerken. Achten Sie bewusst auf die Veränderungen. Z.B.: Beobachten Sie Ihren Stuhl, - welche Farbe hat er – wie viel Papier benötigt man beim Säubern – wie ist die Konsistenz, - wie riecht er. Achten Sie auf Ihren Geschmack. Er ist die ersten Tage nach der Reinigung sehr sensibel. Folgen Sie ihm dorthin wo er Sie hinführt und machen Sie sich auf, für Neues. Die sinnvollste und billigste Reinigung ist die, durch Meidung. Wer zum ersten Mal eine Leberreinigung gemacht hat, der sollte diese 6 Monate später wiederholen, weil sich nach dem Abgang der ersten *„Charge"*, nun die Steine aus dem hinteren Bereich der Leber und Galle nach vorne verteilen. Bevor sie sich allzu sehr zu verdichten beginnen, sollte man mit einer zweiten Reinigung vollenden, was begonnen wurde.

Die Leberreinigung ist überaus wichtig, da sie das Hauptentgiftungsorgan unseres Organismus ist. Nur mit einer funktionalen Leber kann der Körper auch die Prozesse der energetischen Entgiftung vornehmen. Bedenken Sie, dass die Parasiten und Nebenprodukte des Stoffwechsels, die sich in den Gallengängen der Leber verdichten auch Informationen enthalten. Diese Informationen gehen bei allen Produkten des Stoffwechsels *(Leber)* in den Organismus über und regen damit bestimmte neuronale Verknüpfungen an, welche mit einem zurückliegenden Ereignis verbunden sind.
Insbesondere bei traumatischen Ereignissen ist dies von offenkundiger Brisanz, da das Trauma nicht gehen kann, solange seine Signale die neuronalen Verknüpfungen stimulieren. Viele Menschen haben noch nie eine Leberentgiftung gemacht und tragen somit die Gifte und Informationen aller zurückliegenden Ereignisse von

Jahrzehnten in sich. Nach so langer Zeit haben diese Mechanismen angefangen, sich selbst im System zu organisieren, - nahezu unmerklich. Spürbar wird dies, wenn man sich entscheidet, die Leber zu reinigen. So lange der Zeitpunkt noch weiter ferne liegt, spielt der Körper noch mit. Doch wenn es an den letzten Tag geht, und man alle Vorbereitungen für die Leberentgiftung trifft, dann kommen die inneren Stimmen, welche gute Gründe vermitteln, die Leberentgiftung noch aufzuschieben. Oder man schmiert sich ein vor *Transfetten* nur so triefendes Nutella-Brot und stellt nach dem Verzehr fest: *„Oh je, ich darf doch gar keine Fette zu mir nehmen....“*
Das nächste Mal pass ich aber auf.......

Klar, - auch die Arbeit kann stressen und der Ausflug mit den Kindern macht es unmöglich, und, und, und.
Ich habe schon viele Ausreden gehört und manch einer macht die Entgiftung bei Vollmond, anstatt bei Neumond. Die Tücke der *Dämonen*, die wir in Form von informierten Toxinen in uns tragen, hat viele Gesichter. So ist die Leberentgiftung eine gute Übung für Konsequenz und Selbstdisziplin. Machen Sie sich immer bewusst, dass es etwas ganz harmloses und ungefährliches ist, seine Leber auf diese Weise zu entgiften; - die täglich erneute Vergiftung der Leber dürfte da wohl etwas gefährlicher sein! Ich kann Ihnen nur raten, diesen Prozess bewusst zu erleben. Nicht nur die Verführung lockt, sondern auch die Erinnerung an alte Gerüche oder längst vergessene Ereignisse kommen, um sich zu verabschieden.
Es ist ein bewusstseinsfördernder Prozess, bei dem sich die Tore der inneren Wahrnehmung auftun können, jedoch nur für denjenigen, der danach sucht.

Autoren-Portrait

Hendrik Hannes, geb. 9.10.1966 (München)

CEM LEHRER *KERNUNNOS*

raum&zeit/Buchautor/Referent Quanten-/Energiemedizin ....

Der Autor ist ausgebildeter Therapeut für biophysikalische Homöopathie, sowie Seminarleiter für Lebensenergieberatung. Seit 2011 ist er einer der wenigen europäischen *Cosmo Energetic* Großmeister und gründete die erste deutsche *Cosmo Energetic School.* Seine Schwerpunkte sind Geist- und Mentalsteuerung durch selbstbestimmtes Denken. Nur in kleinen Kreisen bietet er intensive Schulungen zur Gedanken- und Gefühlskontrolle, sowie zur Befreiung des Inneren Kindes und zur Herzöffnung an. Seine Lehren sind einzigartig und beziehen sich auf die Gesamtheit des Wesens:
Körper - Geist - Seele.

Einmal im Jahr bildet er kleine Gruppen in der *Cosmo Energetic* Lehre aus, die sich über 3 – 5 Jahre erstreckt. Darüber hinaus ist er Spezialist für die hermetischen Lehren, der Theosophie, Quantenphysik, Autoregulativ Psychologie, Ernährungsmedizin und Licht Yoga (Agni Yoga). Seit 2012 hat er das *2-Phasensystem* von Prof. Bengston erlernt und wendet es in den verschiedenen Fachbereichen seines Wirkens an.
Als Autor hat er inzwischen 13 Bücher geschrieben und mehr als 40 Fachartikel zur Gesundheit und Spiritualität verfasst.

Referent des Verbandes Deutscher Heilpraktiker (VDH e.V.) für Kybernetik, Ernährungsmedizin, energetisches und geistiges Heilen.
Mitglied der Gesellschaft Energetische und Informationsmedizin (DGEIM e.V.)

Bücher von Hendrik Hannes

Cosmo Energetic Matrix

Ein einziartiges Buch, das über eine ganz besondere Form der Mentalsteuerung berichtet, die etwa vor 900 Jahren in einem buddhistischen Tempel in Indienwieder belebt wurde. Mit CEM lernt man Energie zu sehen und zu steuern. Viele Wissenschaftler habensich der CEM Medien schon bedient, - so auch Sergej Koltsov, der Entwickler der *Functional State Correctors* welche seit August 2011, zusätzlich mit CEM Energien aufgeladen werden um dadurch ihre Wirkung zu potenzieren.

Erschienen im BoD Verlag, 2011.
Autor: Hendrik Hannes
ISBN: 978-3-8423-5433-3, 191 Seiten

Cosmo Energetic - 21 Übungen

Dieses Buch lebt! - Es ist das erste Cosmo Energetic Buch, das Bilder mit lebenden CEM-Signaturen enthält. Diese sollen den Übenden helfen, bei den Übungen maximale Erfolge zu erzielen. Die Übungen sind eine wichtige Voraussetzung für die Erstellung eigener Heilsphären, sowie zum Aufbau von kosmischen Bewusstsein. Mit mehr als 24 CEM Bildern

Erschienen im BoD Verlag, 2010,
Autor: Hendrik Hannes
ISBN: 978-3-8423-2611-8, 156 Seiten

Gutes Wasser - Aktiver Wasserstoff & Co.

Ein unterhaltsamer und informativer Kurzüberblick über die gängigen Wasseraufbereitungs-Systeme.Der Schwerpunkt liegt jedoch auf Verwirbelungen des Wassers, worduch sich strukturell die höchsten Ordnungsgrade erzeugen lassen. Gutes Wasser ist wichtig für die physiologische aber auch geistige Gesundheit und Leistunsgkraft.

Erschienen im BoD Verlag, 2007.
Autor: Hendrik Hannes
ISBN: 978-3-8334-8247-2, 132 Seiten

Zelle gesund - Mensch gesund

Das erste kybernetische Nährstoffkonzept, das auf einer holistischen Sichtweise basiert und auch Quanten-Nährstoffe einbezieht. Der Autor errichtet einen klaren Weg, der vom Körper durch den Quanten-Raum führt um eindrucksvolle Brücken des Verständnisses zur Gesundheit zu bauen. Ein Quanten-Nährstoffkonzept, welches die 4-polige Basis der Selbstregulation harmonisiert. Eine neue Ära der Energie- und Quantenmedizin hat begonnen!

Erschienen im ehlers Verlag, 2009
Autor: Hendrik Hannes.
ISBN: 978-3934196-81-0. 193 Seiten.

Wege zur Gesundheit Bd. 1

Ganzheitliche Gesundheitskonzepte und spezielle Nahrungsergänzungsmittel, welche diese Konzepte unterstützen werden in diesem einzigartigen Buch leicht verständlich und unterhaltsam vorgestellt. Mit vielen Praxisanregungen und Tips, wie man sich nachhaltig entgiftet und auf einem hohen Gesundheitsniveau hält. Gesundheit ist das Ergebnis der eigenen Entscheidungen.

Erschienen im BoD Verlag, 2012.
Autor: Hendrik Hannes
ISBN: 978-3-8448-0859-9, 173 Seiten

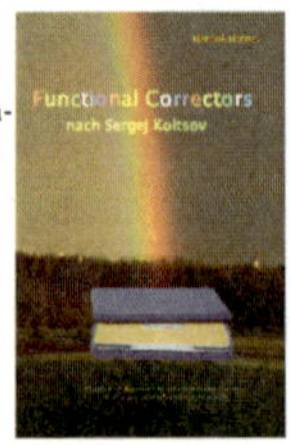

Functional Correctors

Ein kompetentes Anwendungshandbuch für alle Nutzer der revolutionären Skalarwellen-Technologie des russischenen Natur- und Weltraumforschers, Setrgej Koltsov. Lesen Sie, wie Sie mit modernster Skalarfeld Technologie, Körper, Geist und Seele heilen können. Ein kompetenter Ratgeber, welcher dem Leser einen tiefen und verständlichen Einblick in die Technologie vermittelt und ihn gleichzeitig in den effizienten Umgangmit den Skalarfeld-Platten einführt.

Erschienen im BoD Verlag, 2011
Autor: Hendrik Hannes
ISBN: 978-38423-6970-2 130 Seiten

Cosmo Energetic School
Hendrik Hannes
Theosophic Mental-Training
KURSE
HOMÖOPATHIE
WORKSHOP
INNERES KIND
www.holisticart.eu

Partnerverzeichnis

naturwissen GmbH & Co KG

Geltinger Str. 14e 82515 Wolfratshausen
Tel.: 08171/4187-60
Fax: 08171/4187-66
Email: info@natur-wissen.com
Web.: www.natur-wissen.com

Neue Nahrungsergänzung – Neue Homöopathie – Shop – Seminare ...

Wekroma Foundation

Forschung & Entwicklung
Postfach 470 – Aeulestrasse 5
FL – 9490 Vaduz
Web: www.wekroma.li

Strukturiertes Wasser – Biodynamische Systemforschung, - Internationale Grundlagenforschung.

Wekroma Bioenergetische Produkte Vertriebs GmbH

Postfach 13 25 - 83203 Prien
Telefon: 08051 - 91046
Fax: 08051 - 91047
Web: www.wekroma.li

Vertrieb von Werner Kropps bioenergetischen Produkten, Endkunden, WVK, GH.

AtlasPROfilax Academy Switzerland®

René C. Schümperli
Route de Sion 71 Case Postale
62 CH-3960 Sierre
Deutschland, Nederland:
Tel. +49 (0) 699 637 4983

Hannes Pharma GmbH

St.Veit Str. 63a 81673 München
Tel.: 08375-9211382
Fax. 08375-9211386
WEB: www.hannespharma.de
Email: hannespharma@gmx.de

Lohnherstellung – Vertrieb von NEM Endkunden bis WVK und GH, ...

NaTopSan Ltd.

Neuestr.38 - 76297 Stutensee
Telefon: 07244-559745
Fax: 07244-740448
Email: info@natopsan.com
Web: www.natopsan.de

Vertrieb hochwertiger NEM an Endverbraucher, WVK und GH.

dr. reinwald healthcare gmbh + co kg

Kunden- und Therapeutenbetreuung
Kerstin Reinwald
Am Baumgarten 6, 90602 Seligenporten
Tel.: 09180 900 24
Fax: 09180 900 25
Email: mail@drreinwald.de
Web.: www.drreinwald.de

AtlasPROfilax BRD

Werhart Hilwig
Wittumstr. 12 – 76707 Hambrücken
Tel.: 07255/3971594
Email: whilwig@arcor.de

Ulrike Seiler
Fasanenweg 1 – 82061 Neuried
Tel. 089 75408890
Email: u.seiler@atlasprofilax.de